Dedico este livro a ______________________________.

Um dos maiores segredos da existência é o autoconhecimento e a compreensão de que não somos heróis, mas seres humanos sujeitos a inúmeras falhas. Enxergar nossas limitações e imperfeições pode nos causar uma breve inquietação, mas também pode nos dar uma oportunidade preciosa para transformar ansiedade em criatividade, decepções em tolerância e perdas em maturidade. Para isso, nutra sua emoção e seu intelecto com sabedoria, humildade, generosidade e tranquilidade. Embora muitos tenham uma mesa farta, vivemos numa sociedade de famintos. Desejo que seus dias sejam felizes mesmo diante dos seus desertos.

_________________, _____/_____/______

AUGUSTO CURY

A sabedoria nossa de cada dia

Os segredos do Pai-Nosso 2

SEXTANTE

preparo de originais: Regina da Veiga Pereira

revisão: Ana Grillo, José Tedin Pinto,
Sérgio Bellinello Soares e Tereza da Rocha

diagramação: Valéria Teixeira

capa: Raul Fernandes

adaptação de capa: Gustavo Cardozo

impressão e acabamento: Pancrom Indústria Gráfica Ltda.

CIP-BRASIL. CATALOGAÇÃO NA PUBLICAÇÃO
SINDICATO NACIONAL DOS EDITORES DE LIVROS, RJ

C988s Cury, Augusto, 1958-

A sabedoria nossa de cada dia/ Augusto Cury. Rio de Janeiro: Sextante, 2019.
128 p.; 14 x 21 cm.

Inclui bibliografia
ISBN 978-85-431-0700-4

1. Jesus Cristo – Personalidade e missão. 2. Jesus Cristo – Influência. 3. Existencialismo. 4. Jesus Cristo – Psicologia. I. Título.

CDD 232.904
19-54862 CDU 27-318:141.32

Todos os direitos reservados, no Brasil, por
GMT Editores Ltda.
Rua Voluntários da Pátria, 45 – Gr. 1.404 – Botafogo
22270-000 – Rio de Janeiro – RJ
Tel.: (21) 2538-4100 – Fax: (21) 2286-9244
E-mail: atendimento@sextante.com.br
www.sextante.com.br

Sumário

Introdução

Certa vez uma psicóloga social perspicaz e culta, mas embriagada de arrogância, fazia uma pesquisa sobre os fenômenos psíquicos que motivam os seres humanos a executarem tarefas rotineiras, enfadonhas, tediosas.

Antes de iniciar a pesquisa, achava que diversas pessoas eram marionetes do sistema social, possuíam uma reduzida capacidade de reflexão sobre os ditames da vida e por isso eram controladas por atividades repetitivas. Considerava que gastavam tempo demais com coisas irrelevantes diante de uma existência tão breve. "Vivem porque estão vivas, não mergulham dentro de si, não questionam a si mesmas", pensava ela.

Durante a pesquisa, fazia perguntas aos entrevistados e tomava nota de todas as respostas, sublinhando as ideias mais profundas e expressadas com maior vibração. Encontrou algumas pessoas que não se interiorizavam, mas surpreendeu-se com outras.

Perguntou com veemência a um cientista que pesquisava partículas subatômicas: "O que o estimulou a trabalhar durante trinta anos nesse ambiente fechado? Você não se aborrece com a rotina? A repetição não o perturba?" O laboratório parecia um claustro, uma sofisticada prisão. Mas a resposta do cientista abalou suas convicções.

Ele percebeu a provocação que havia na pergunta e, fitando-a nos olhos, disse, de forma apaixonada: "*O ambiente em que trabalho é aparentemente fechado e asfixiante, tudo parece controlado, mas aqui há espaços que nunca foram penetrados e estradas nunca percorridas. Sou um peregrino que tenta desvendar o invisível para entender o visível. Somente entendendo o infinitamente pequeno podemos compreender o demasiado grande. Mas infelizmente muitos só enxergam com os olhos.*"

A psicóloga calou-se, entendendo o recado. Não via o essencial. Percebeu que tinha de enxergar além das imagens que incidiam em sua retina.

Mais tarde, encontrou um idoso sentado na varanda e pediu para entrevistá-lo. Parecia um homem que esperava a morte chegar, chafurdando na lama do tédio. A expressão do seu rosto era séria, seca, fria e sem vida.

Depois de uma breve conversa, ela indagou: "Por que vive aprisionado nessa varanda? O senhor tem cabelos grisalhos e experiência de vida. Não é um desperdício de tempo ficar sentado todos os dias nesse lugar sem fazer nada?"

Para a psicóloga, o comportamento do idoso era um convite à angústia e à depressão. Mas ficou extasiada com o que ouviu. Entre inúmeras anotações, sublinhou essa pérola dita pausadamente: *"Não se engane. Minha vida é cheia de aventura. Sou um garimpeiro que procura pedras preciosas no leito dos rios que irrigaram a minha existência. Cada pedra tem muitas faces, assim como cada momento da minha história tem muitas arestas."*

Fez uma pausa e completou: *"Já errei muito por ser impulsivo e enxergar minhas dificuldades só por um lado. Hoje eu as reconstruo e procuro vê-las por outros ângulos. Desse modo, conquisto doses de serenidade para ensinar os mais novos a não darem respostas precipitadas nem fazerem juízos preconcebidos."*

A pesquisadora sentiu um nó na garganta. As palavras do homem idoso produziram nela o que centenas de livros não haviam feito. Descobriu sua insensatez, caiu do pináculo da própria altivez, percebeu que prejulgava as pessoas sem conhecê-las intimamente. Começou assim a sair da esfera da pura informação e a entrar na esfera da sabedoria. Compreendeu que não estava colhendo dados para uma pesquisa, mas descobrindo mundos. Precisava fazê-lo com maturidade e respeito.

No outro dia, encontrou na saída de um templo uma mulher de meia-idade, vestido longo, maquiagem suave. Parecia solitária. Até então, a psicóloga considerava que as pessoas que praticavam regularmente um ritual religioso eram destituídas de inteligência notável. Olhando a mulher, imaginou que ela devia ser mal resolvida e mal-amada, e que procurava compensar sua angústia no conforto de um templo. Mais uma vez, ficou perplexa.

Ao fazer a entrevista, questionou: "Por que você vem semanalmente a um templo? É por medo da morte ou por alguma insegurança? Até que ponto você trocou o tédio da sua rotina social pelo tédio da rotina espiritual? Que tipo de sabedoria alguém pode adquirir nessa prática?"

No início, as anotações foram feitas sem grande interesse. Mas pouco a pouco a psicóloga abandonou o ceticismo e se deixou invadir pela sensibilidade e argúcia da mulher que entrevistava.

Por fim, sublinhou algumas frases que simplesmente a perturbaram: *"O tempo é o grande palco da existência. Por isso é meu amigo mais presente, pois nele enceno a peça da minha história. Mas o tempo também é meu inimigo mais sutil, pois durante cada ato ele sulca meu rosto, anunciando que o espetáculo um dia vai acabar. Preparo o intelecto para aceitar o último ato, mas, quando mergulho nos recônditos do meu ser, algo em mim proclama: o espetáculo não pode terminar!"*

A entrevistadora refletiu sobre a resposta inusitada e percebeu que ela ultrapassava os limites de uma religião. Nesse ínterim, a entrevistada respirou fundo e adicionou esta pérola: "*Procuro Deus não por fuga, medo ou insegurança, mas porque tenho um grande sonho: continuar o espetáculo da existência num palco inextinguível. Quem pode conter esse sonho? Que ateu é capaz de destruí-lo? Alguns construíram esse sonho na alegria, outros no desterro, alguns o elaboraram durante o correr da sua história e outros nos últimos momentos do seu tempo na Terra.*

Os seres humanos são eternos exploradores

A pesquisadora ficou pasma com o que ouviu. Percebeu que vivia subjugada pela ditadura do preconceito. As respostas traziam um mundo de possibilidades em que ela nunca havia pensado.

Após terminar sua pesquisa, concluiu que muitos anônimos são mais espetaculares do que os famosos da mídia. Descobriu um elemento em comum em todos os depoimentos: o ser humano tem uma necessidade incontida de explorar algo novo.

Descobriu que um bebê que coloca um objeto na boca, um adolescente cujo coração pulsa diante de uma garota, um cientista investigando num laboratório, um religioso na sua prática espiritual, um idoso com seu olhar reflexivo são amostras da busca incansável de cada ser humano por novas experiências. Entendeu que explorar é o destino do *Homo sapiens*. Uns exploram quando escalam o monte Everest, outros quando sobem uma pequena escada. As entrevistas que fizera partiam de uma necessidade íntima de explorar.

Contei essa história para dizer que meus dois livros da série *Os segredos do Pai-Nosso* também foram escritos em razão da minha busca psicológica e filosófica infatigável dos segredos da existência.

Desvendar, encontrar novos caminhos e experiências está na base do psiquismo saudável. Devemos ser sensatos como os adultos, mas curiosos como as crianças. Devemos refletir como os idosos, mas explorar o mundo como os adolescentes.

Muitos destruíram sua capacidade de se encantar com a vida. Não poucos intelectuais acumularam títulos acadêmicos, mas deixaram de ser produtivos. Inúmeros executivos contaminaram-se com o poder e se tornaram estéreis. Educadores se deixaram inebriar com a posição de mestres e perderam a capacidade de aprender como pequenos alunos.

Todos esses asfixiaram sua habilidade de explorar pedras preciosas no terreno da personalidade de seus entes queridos ou do próprio ser. Como anda sua fonte de inquietação, leitor? A existência o deslumbra ou as preocupações financeiras e os compromissos profissionais o asfixiam? Quais são suas prioridades? Que metas você elegeu como fundamentais em sua vida? Muitos são levados pelas ondas da existência, sem direção, sem objetivos ou prioridades.

Dr. Augusto Cury
EUA, verão de 2007

Capítulo 1

Um especialista em desengessar a mente humana

Navegando no oceano das crises existenciais

O homem Jesus era instigante, um especialista em romper o conformismo. Ele não ensinava passivamente: provocava a sede psíquica, a busca pelos segredos da existência, o esfacelamento do autoritarismo religioso.

Cada parábola aguçava a curiosidade, colocava combustível na sede de desvendar de homens e mulheres, intelectuais e iletrados, puritanos e transgressores. Cada frase curta provocava o apetite intelectual. Seus discípulos eram rudes, toscos, incultos, impulsivos, desprovidos de generosidade e de afetividade. Mas diariamente Jesus os abalava.

Pedro, André, Tiago e João sabiam navegar no mar da Galileia, mas o homem Jesus queria que aprendessem a navegar no oceano das crises existenciais, das fobias, das ansiedades, das frustrações. E quem sabe navegar nos tempos atuais? Uns afundam no sentimento de culpa; outros, no endeusamento de si mesmos. Uns sucumbem na timidez; outros, na ousadia inconsequente.

Diariamente os discípulos se perguntavam: Quem sou eu? O que sou? Quais são minhas escolhas e minhas intenções ocultas? Quem é esse homem que sigo? Que mistérios o cercam? Por que nos fala por parábolas? Por que nos escandaliza estreitando laços com pessoas socialmente rejeitadas, leprosos, prostitutas? Por que questiona os religiosos? Por que procura sempre se ocultar e não aceita elogios superficiais?

O melhor educador é o que gera uma fonte de perguntas em seus alunos, e não o que é uma fonte de respostas prontas. As respostas prontas produzem servos; o questionamento, pensadores. Jesus deu poucas respostas, mas provocou inúmeras perguntas.

No Sermão da Montanha, no qual está inserida a famosíssima oração do Pai-Nosso, o Mestre dos Mestres queria dar um choque intelectual, e não apenas espiritual, na humanidade. Queria desengessar a mente humana para que homens e mulheres, religiosos e céticos enxergassem Deus, a existência e as relações sociais por múltiplos ângulos.

Todo ser humano cria um deus no seu imaginário, mesmo os céticos. Um deus que frequentemente é distante e alienado, ou tirânico e controlador. Em seu vibrante discurso no alto da montanha, Jesus queria que o intelecto humano alçasse voo para descobrir que o enigmático Autor da existência é um Deus generoso, afetivo, sensível, altruísta e solidário. Todos os que o ouviram ficaram perplexos com sua apresentação. O Deus de Jesus não cabia no imaginário de religiosos e de ateus.

A bombástica oração do Pai-Nosso esfacelou preconceitos religiosos e filosóficos. Considerando a complexidade dos segredos dessa curtíssima e misteriosa oração, dividi os textos de minha análise em dois livros: *Os segredos do Pai-Nosso – A solidão de Deus* e *A sabedoria nossa de cada dia – Os segredos do Pai-Nosso: Aprendendo a superar os conflitos humanos.* Eles podem ser lidos de forma independente porque tratam de assuntos distintos – a psique de Deus e a psique humana.

Vamos entrar no segundo livro, o que trata da personalidade humana e seus transtornos. Mas antes gostaria de falar brevemente sobre o primeiro livro. Jesus deixou sem fôlego a multidão que o ouvia ao afirmar categoricamente que o Deus que se esconde nos bastidores do tempo e do espaço não é fruto de uma alucinação, mas o mais vivo dos espectadores. E como tal possui uma personalidade concreta com necessidades psíquicas vitais.

Jesus inicia sua magna oração dizendo que Deus não é um computador universal, uma energia cósmica ou um criador insensível e autossuficiente. Deus é Pai. Como Pai, Ele foi preso na armadilha da própria emoção, onde se destaca uma dramática solidão. Como Pai, Ele tem a necessidade incontida de construir uma rede de relacionamentos com a humanidade, para trocar experiências, interagir, irrigar sua emoção com prazer.

A oração do Pai-Nosso faz com que Deus, que parecia infinitamente distante, se torne extremamente próximo. Transforma a imagem de um Deus que parecia alienado de nossas mazelas em um Deus que se preocupa ao extremo com a humanidade, de um Deus impessoal em um Deus cheio de sentimentos, pensamentos, ideias, sonhos e projetos existenciais.

Nós rejeitamos a ideia da solidão porque a vemos de forma negativa. Mas ela é fundamental para a construção das relações sociais. Sem solidão, viveríamos por instinto, não teríamos necessidade de afeto, compreensão, troca, abraços, elogios, apoios, busca de autoestima. Sem essa experiência, as rejeições e as discriminações não nos machucariam. As perdas não provocariam traumas e as decepções não produziriam as lágrimas. Sem solidão não teríamos necessidade do outro. A solidão traz necessidades psíquicas imperiosas e complicações sociais.

A criatividade é inspirada no terreno da solidão

Inúmeras pessoas das mais diversas áreas da ciência e das mais variadas religiões, inclusive as não-cristãs, que leram o primeiro livro *Os segredos do Pai-Nosso – A solidão de Deus*, me disseram que ficaram intensamente envolvidas e prazerosamente perturbadas pelo seu conteúdo.

Uma funcionária de um aeroporto, sem me conhecer, disse-me que o estava lendo e que ele havia se tornado uma fonte diária de consulta. Constrangido, confessei-lhe que era o autor. O encanto não foi pela minha competência como escritor, mas pelas ideias debatidas.

Entretanto, alguns religiosos ficaram escandalizados, torceram o nariz, disseram que Deus é autossuficiente, que não tem necessidades psíquicas, que jamais experimentou solidão. Se este livro tivesse sido escrito há alguns séculos, talvez eu fosse um dos primeiros a arder numa fogueira.

Mas insisto que a análise de determinados textos bíblicos, sob o ângulo da psicologia e da filosofia – e não da teologia –, demonstra que, se o Deus real e autoexistente não experimentasse uma indecifrável solidão no teatro da sua psique, provavelmente continuaria vivendo numa clausura eterna. A eternidade seria para ele uma prisão. Não teria nenhuma necessidade de inspirar, criar, relacionar-se.

Todo artista produz primeiro uma obra para si, depois para os outros. Não é nos momentos de aplausos, mas nos de mais profunda solidão, vazio, angústia ou crise existencial que os artistas se tornam mais produtivos. A inspiração nasce no terreno da inquietação. Ao que parece, a criatividade de Deus foi inspirada no terreno da solidão.

Não sou uma pessoa religiosa nem defendo uma religião específica. Tenho procurado ser um homem sem fronteiras. Todos os que professam uma religião deveriam ser, antes de tudo, pessoas sem fronteiras, capazes de abraçar os que pensam diferente. Quem não é capaz de respeitar os diferentes cometerá um desastre em sua história.

Jesus respeitava e amava os diferentes. O Deus que ele eloquentemente proclamava sentia uma necessidade inquietante de se relacionar com o ser humano, independentemente de sua religiosidade e ética. Quanto mais uma pessoa tem traços de psicopatia, menos precisa dos outros, menos sente necessidade de se doar.

Jamais a loucura foi tão lúcida

O amor é a fonte mais excelente de solidão. A solidão é a fonte mais excelente do processo de busca. Quem não ama vive isolado ou produz relações superficiais. Quem ama se entrega, mesmo correndo o risco de ser rejeitado, frustrado, ferido.

Inúmeras pessoas têm vergonha de dizer para as outras "Eu te amo, eu preciso de você", pois estas palavras nos despem do orgulho e produzem cumplicidade. Mas é incrível que o Deus revelado no complexo livro chamado de Bíblia não tenha medo de se comprometer. Muitos pensadores e teólogos não o analisaram sob esse prisma. Deus sente uma necessidade psíquica tão intensa de se relacionar com a humanidade que não tem receio de se envolver em complicações.

Ele busca cumplicidade, mesmo correndo risco de sofrer rejeições e indiferença. Como analisar sob o prisma psicológico essa frase imperativa "Amai a Deus sobre todas as coisas"? O Deus Todo-Poderoso está dando um grito comprometedor. Que coragem!

Em outras palavras, é como se Deus dissesse: "Vocês me acham inacessível e inatingível, mas eu sou um Deus solitário, tenho necessidade vital de afeto. Vocês querem se curvar diante do meu poder, mas eu preciso dos seus corações. Por favor, me amem."

Você tem coragem de fazer uma declaração como essa aos seus filhos ou ao seu cônjuge? Você tem coragem de expressar sem medo seus sentimentos? Muitos morrem sem nunca declarar seu amor pelos mais próximos. Alguns pais jamais disseram aos filhos que precisam ser amados por eles. Pedem que lhes obedeçam, sejam éticos, bons alunos, mas não sabem pedir seu carinho, atenção, diálogo. Muitos só conseguem receber afeto num leito de hospital.

Quando Jesus morria na cruz, com suas fibras musculares dilaceradas, teve a audácia de "abraçar" seus algozes, dizendo: *"Pai, perdoa-os, porque eles não sabem o que fazem."* Por que esse homem, em seus últimos momentos de vida, era capaz de dar tanto afeto? Quem teve as características de sua personalidade?

Se não considerarmos que o amor é uma necessidade vital de Deus, a morte de Jesus na cruz é um ato agressivo e desumano, pois pela primeira vez na história um pai viu seu filho morrer agonizando e não fez nada por ele. Se colocarmos o amor como necessidade central desse misterioso Deus, a morte de Jesus representa a ansiedade desesperada de um filho em resgatar a humanidade para seu Pai e fazê-lo assim superar sua indecifrável solidão.

Não importa se a humanidade seja constituída de carrascos como os soldados romanos, de negadores como Pedro e de traidores como Judas. Deus a ama incondicional e inexplicavelmente. Nunca o amor chegou a limites tão impensáveis. Jamais a loucura foi tão lúcida.

A busca por Deus nos vales profundos do inconsciente

Marx quis eliminar a religiosidade do homem, mas, como não conhecia o funcionamento da mente humana e a confecção da solidão existencial, não entendeu que é impossível extingui-la.

Produzimos bilhões de informações sobre as mais diversas matérias, mas ainda sabemos pouquíssimo sobre nós mesmos. Tudo o que já construímos pode ser destruído, mas não é possível destruir a ciência nem a religiosidade humana. Por quê? Porque o intelecto humano é uma fonte de inquietação em busca dos mistérios que o norteiam.

Se interrompermos essa fonte de inquietação, podemos incorrer em duas situações desastrosas. Primeiro, nos colocarmos como um deus tirânico, autossuficiente, infectado de orgulho, possuidor de verdades absolutas capazes de controlar os outros. Segundo, mergulharmos num conformismo débil, com a mente estéril, incapaz de produzir novos conhecimentos.

A procura por Deus não nasce da fragilidade psíquica do ser humano ou do entorpecimento religioso, mas dos vales mais profundos do inconsciente, das raias mais íntimas da solidão. Mesmo que um ser humano se isole desde a infância do contato social, assim que adquirir uma linguagem rude e uma consciência tosca procurará o divino, se curvará diante do trovão, do sol ou das próprias imagens mentais.

Ter solidão não depende de escolha; mas superá-la, sim. Algumas pessoas gravemente feridas e frustradas em seus relacionamentos prometem para si mesmas que jamais voltarão a amar alguém. Mas não conseguem. Passado um tempo, a dor se alivia e a solidão as instiga a uma nova empreitada afetiva. Eu lhe pergunto: as suas frustrações conseguiram impedi-lo de correr novos riscos?

Pode ser desgastante conviver socialmente, em especial com pessoas complicadas, mas é melhor viver com pessoas difíceis do que se submeter a um isolamento completo. Quem se isola nas montanhas ou nos mosteiros precisa construir personagens em sua mente para se relacionar.

Até os psicóticos precisam, em seus delírios, construir personagens para se relacionar. Não somos seres sociais por escolha nossa, mas porque é inevitável deixar de sê-lo. Este é um dos gritos da oração do Pai-Nosso.

Com a oração do Pai-Nosso, Jesus queria mostrar que um dos maiores mistérios do universo é que Deus pode ser incompreensível e todo-poderoso, mas sua psique é mais próxima da humana do que supomos. Por que Deus insiste em se ocultar? Quem é esse Deus? Não sabemos, mas podemos ter uma ideia se olharmos as complexas e indecifráveis reações de uma criança ou de um idoso.

Um paciente idoso que estava saindo de uma crise psicótica, abatido pelas rejeições sociais, queria ansiosamente ver Deus. Saindo pelas ruas, parou numa praça e viu uma criança que corria livremente, parecendo a mais feliz do mundo.

De repente, a criança parou diante dele, fitou-o e abriu um sorriso radiante, singelo e meigo. Os olhares se cruzaram gerando um momento mágico. Extasiado, o paciente voltou para casa e disse aos seus familiares que vira Deus e que ele estava na pele de uma criança. Pensaram em interná-lo novamente.

A criança, por sua vez, chegou em casa com o rosto iluminado. Correu até seu pai, abraçou-o alegremente e disse-lhe também que tinha visto Deus. Perturbado, o pai indagou: "Quem você viu? Quem era ele?" Com entusiasmo, ela descreveu um homem de cabelos soltos e brancos. Seu olhar era penetrante, muito distante e ao mesmo tempo muito próximo. Parecia muito estranho e tão dócil, e tinha uma ternura indescritível. O "psicótico" e a criança viram Deus nos gestos e olhares um do outro.

O homem mais complexo que transitou nessa terra, Jesus, queria na fascinante oração do Pai-Nosso aproximar ao máximo Deus do ser humano. Queria que um olhasse nos olhos do outro, que se admirassem, tivessem momentos únicos.

Muitos amam defender sua religião, seus dogmas, suas verdades. Usam documentos, textos e argumentos para estar acima dos outros. Mas o Pai apresentado por Jesus não representa dogmas, barreiras de separação, normas de uma nova religião, mas uma fonte inexaurível de amor, sensibilidade, inteligência e solidariedade.

Cada ser humano – mesmo o mais miserável – ganhou um status inimaginável, converteu-se num ator exclusivo, num tesouro extraordinário, apesar dos seus defeitos. A proposta de Jesus abala a ciência.

O Mestre dos Mestres enfatiza que, quando esses tesouros silenciarem sua voz no teatro do tempo, eles continuarão encenando a peça da existência num teatro interminável. É um projeto espantoso.

A morte expande os horizontes da solidão dos que ficam. A angústia dos íntimos diante da morte de seus entes mais queridos é extremamente dolorosa. A finitude da existência deixa cicatrizes indeléveis tanto em ateus como em religiosos. O que não daríamos em troca de fagulhas da existência daqueles que perdemos? Todos os pensadores infectados de orgulho esfacelaram sua arrogância diante do fenômeno avassalador da morte.

Há um lugar onde somos todos simplesmente humanos e nada mais: nos velórios. Neles não há gigantes nem heróis, não há celebridades nem anônimos, psicólogos ou pacientes, mas seres sufocados pelos tentáculos penetrantes da solidão, sentindo a plenitude da perda.

Crer no projeto anunciado por Jesus entra na esfera da fé e não é objeto deste livro. Mas desejo aqui apontar que a análise psicológica e filosófica desse projeto demonstra que o Deus todo-poderoso usa a transcendência da morte para estancar o drama da perda. É um sonho extraordinário.

Jesus discorria sobre a vida eterna com uma frequência e profundidade maiores do que as dos religiosos da atualidade. Para ele o que estava em jogo não eram os fundamentos de uma nova religião, católica, protestante ou qualquer outra, mas a superação do fim da existência, a superação do fenômeno psíquico da solidão. Quem poderia sondar o que se passava na cabeça desse homem?

Procurando entender o tecido psíquico

A partir de agora entraremos com mais intensidade no tema tratado neste livro, *A sabedoria nossa de cada dia – Os segredos do Pai-Nosso 2*. A segunda parte do Pai-Nosso inicia com a frase *O pão nosso de cada dia nos dai hoje*. Com ela, o Mestre dos Mestres desce das necessidades psíquicas do complexo Deus Altíssimo para as necessidades psíquicas do complexo ser humano. Sai da esfera do poderoso Autor da existência para o infinito mundo dos conflitos humanos.

Os discípulos de Jesus disputavam entre si para saber quem era o maior, mas para o Mestre maiores são aqueles desprovidos de disfarces sociais, os que têm consciência das próprias loucuras e imaturidades, os desapegados da necessidade neurótica de poder, os que aprendem a se doar para os outros.

Há um livro que se tornou um best-seller da autoajuda: *O segredo*, de Rhonda Byrne. Partindo de ideias antigas, a autora produz um texto interessante e com soluções quase mágicas para os conflitos humanos, como a Lei da Atração – o que se pensa pode se materializar. A questão é que belos textos como esses não levam em consideração o funcionamento da mente, a construção de pensamentos, a formação do eu e o seu papel como gestor da psique, a reedição do filme do inconsciente e a proteção do território da emoção.

Trataremos dessas questões mais à frente. Veremos que viver é uma arte belíssima e extremamente complicada. Existir é uma experiência complexa que possui variáveis nem sempre controláveis. A pessoa mais calma vive momentos de ansiedade; a mais coerente, momentos ilógicos.

Este não é um livro religioso, mas de socialização do conhecimento sobre a psique. Faremos uma jornada filosófica, psicológica, sociológica e psicopedagógica pelos caminhos da oração do Pai-Nosso. Analisaremos alguns segredos ligados à nutrição psicológica, às nossas maquiagens e disfarces sociais, às insanidades, à necessidade de promover a saúde mental e expandir os horizontes da inteligência.

O texto do Pai-Nosso, embora singelo nas palavras, continua a ser incendiário. Um texto aparentemente tão brando, e no entanto tão provocante. Ele nos faz um convite para penetrarmos no mais sutil e complexo dos terrenos, aquele que nos constitui. Desejo que os leitores tenham talento para percorrer essa trajetória que os levará a se conhecerem mais profundamente.

Capítulo 2

Uma plateia de famintos psíquicos: o pão nosso da sabedoria

Dissecando a psique humana com generosidade

Demóstenes nasceu em Atenas em 384 a.C. Segundo relatos, no processo de aprimoramento de sua oratória ele usou práticas inusitadas. Para superar sua deficiência de fôlego, subia ladeiras declamando poemas. Para corrigir sua dicção, falava com seixos na boca. Para se acostumar com o burburinho das massas e não se distrair, discursava nas praias.

Passou meses num porão copiando livros para incorporar palavras e ideias. O resultado foi que Demóstenes se tornou um dos maiores oradores de todos os tempos e provavelmente o maior da Grécia clássica.

Houve na história da humanidade um orador que não praticou os exercícios de Demóstenes. Não veio de uma casta privilegiada, teve de trabalhar cedo e duro, lapidou toras debaixo de um sol escaldante, mas refinou sua eloquência como ninguém. Era um especialista na arte de observar. Absorvia tudo ao seu redor e extraía belíssimas lições de fatos aparentemente sem importância, como o movimento de um idoso, a reação de uma criança, uma brisa suave. Um grande mestre transforma o pouco em muito.

Sua oratória era tão eloquente que levava as massas ao êxtase. Até os soldados incumbidos de amordaçá-lo diziam: "Nunca ninguém falou como esse homem." Discursava para multidões muito maiores do que as que ouviam Demóstenes e gerava as paixões mais excelentes.

De todos os seus discursos, o Sermão da Montanha (Mateus 5-7), falado de improviso, foi o mais eloquente. Seu conteúdo é transbordante. Nenhuma religião o aplica em sua plenitude. Se a humanidade o vivesse, ela nunca mais seria a mesma.

Gandhi comentou que, se todos os livros espirituais fossem extintos e ficasse apenas o Sermão da Montanha, nada seria perdido, pois um tesouro estaria preservado. No meio desse Sermão, Jesus proclama a oração do Pai-Nosso (Mateus 6:9). Ele inicia a segunda parte bradando: *"O pão nosso de cada dia nos dai hoje."*

Embora o pensamento inserido nessa frase pareça tão simples ao olhar desatento, ele é intrigante e saturado de segredos. O primeiro desses segredos é que, ao dissecar a nossa psique, Jesus não inicia apontando erros, percalços, imoralidades, mas fala sobre o prazer e a nutrição da psique humana.

O homem que veio revelar Deus para a humanidade estava menos interessado nas falhas humanas e mais no próprio ser humano. Milhões de religiosos valorizaram sempre mais os erros e falhas do que a pessoa que erra. Jesus, ao contrário, deu sempre um valor vital ao ser humano. Os erros são secundários.

Você valoriza mais seus filhos ou os erros que eles cometem? Se prioriza os erros, será um promotor de justiça sem qualquer tolerância. Valoriza mais as pessoas que o frustram ou as frustrações que elas lhe causam? Alguns rompem relacionamentos afetivos para sempre devido às decepções que sofreram. Outros perdem grandes amigos por não suportar suas falhas.

É fácil dizer que valorizamos mais a pessoa do que as suas falhas, mas nossas reações ante os erros dos outros frequentemente denunciam o contrário.

Jesus estabelece a sequência de valores. Em primeiro lugar, alimente, cuide, proteja e irrigue de prazer o ser humano. Em segundo, ensine-o a lidar com seus erros. Não exija muito de quem está desnutrido, não cobre de quem está ferido, não puna quem não tem forças para a jornada.

Devemos guardar essa ideia: uma pessoa que cobra muito dos outros está apta a trabalhar em um banco, mas não a conviver com pessoas. Um pai que cobra excessivamente dos filhos não está apto a educar. Um executivo excessivamente crítico e implacável não está apto a liderar. Paciência e tolerância são elementos insubstituíveis para quem quer estimular os outros a crescer. Rigidez e intolerância são elementos fundamentais para bloquear a criatividade das pessoas.

Jesus falou de pão, de nutriente, de suprimento das necessidades humanas. Milhões de cristãos têm em seu inconsciente a imagem de um Deus austero, severo, que não corresponde ao Deus revelado por Jesus. Esse Deus não é especialista em punir, mas em abraçar. Não se concentra em apontar falhas, mas em saciar a fome psíquica.

Infelizmente o Deus estudado pela teologia não corresponde ao Deus interpretado pela psicologia e filosofia. Jesus apresentou um Deus que não condena, não faz guerras para impor sua vontade, não agride, não discrimina, mas um Deus generoso, afetivo, sereno.

Você discrimina prostitutas? Ele as abraça. Você rejeita drogados? Ele os ama. Você dá as costas a muçulmanos ou budistas por não serem cristãos? Ele é deslumbrado por eles. Não importa a opção sexual, a religião, a cultura, a nacionalidade. Jesus nos apresentou um pai preocupadíssimo com cada ser humano.

Foi um grande erro a psicologia não ter estudado o Deus do Pai-Nosso nos tempos passados. Inumeráveis conflitos teriam sido evitados. A Inquisição jamais teria existido. Embora de forma sutil, disfarçada pelo manto da democracia, a Inquisição continua viva nas mais diversas sociedades e religiões.

O significado do pão

A que pão Jesus se referia na oração do Pai-Nosso? Penso que há três classes de pães: o espiritual, o físico e o psicológico. Sobre o pão espiritual não tenho o que falar. Quem quiser conhecer esse assunto deve procurar líderes espirituais e teólogos das mais diversas religiões, pois eles são os especialistas.

O pão que nutre o corpo não é objeto deste livro, embora tenha uma relevância vital. Há mais de um bilhão de pessoas famintas no mundo, cada uma delas com trilhões de células que clamam por proteínas, carboidratos, vitaminas. É uma vergonha, uma injustiça e um crime social indecifrável que a abundância de alimentos nas sociedades modernas conviva com tantos famintos.

Vou discorrer neste livro sobre o pão psíquico. O pensamento de Jesus sobre o pão que nutre a psique serve para sociedades abastadas como as dos Estados Unidos, do Japão, da Alemanha, da Inglaterra, da França, da Itália, da Espanha. Há um bilhão de pessoas fisicamente famintas e seis bilhões de pessoas psiquicamente famintas.

As sociedades modernas vivem solapadas pela fome psíquica. São populações carentes, massas desnutridas do único alimento que não poderia faltar. Há uma desnutrição psíquica invisível sem precedentes na humanidade. Somos uma sociedade de famintos.

Muitos estão morrendo de inanição, sem ter consciência de sua miserabilidade. Não sabem que sua irritação, angústia, insegurança, flutuação de humor, sintomas psicossomáticos são sinais de uma psique desnutrida. O quanto você é faminto? Quanto lhe falta de tranquilidade? Você é impaciente? Irrita-se facilmente com pequenas contrariedades? Possui uma emoção estável e prazerosa, ou experimenta uma constante insatisfação?

O pior faminto é aquele que não reconhece a própria miséria. Muitas vezes sou faminto daquilo que o dinheiro não pode comprar. Daquilo que só a humildade e a generosidade são capazes de me conceder.

Os índices de violência, conflitos sociais, transtornos emocionais, farmacodependência, competição predatória, crise de diálogo, discriminação, domínio sobre os mais fracos, transtornos alimentares, diminuição da autoestima e tirania da beleza são elevados.

Mendigamos o pão da alegria, da tranquilidade e gentileza diante de uma mesa farta de alimentos. A África Subsaariana é a região mais faminta em termos físicos da Terra, mas há uma "África Subsaariana" psíquica dentro de cada nação, cada instituição ou empresa. Existem quase três milhões de pessoas com anorexia nervosa nos Estados Unidos. Este é apenas um dos inúmeros sintomas de uma sociedade psiquicamente faminta.

Temos que humildemente reconhecer que o desenvolvimento tecnológico e financeiro não trouxe o desenvolvimento psíquico esperado. Alguns índices melhoraram, como o respeito pelos direitos humanos, mas outros pioraram, como os transtornos emocionais, os níveis de solidão, a crise do diálogo.

Ainda hoje uma cientista, doutora em ciências humanas, comentou em meu consultório que quando era chefe de departamento numa grande e respeitada universidade desenvolveu depressão e teve que fazer terapia por oito anos. O motivo? O ambiente universitário predatório, sem solidariedade, sem democracia das ideias, gerando uma competição doentia entre pesquisadores e professores. O clima era tão tenso que levou alguns de seus colegas a desenvolverem câncer, isquemia cerebral, vitiligo e vários transtornos psíquicos.

Se nas universidades, que são o templo do conhecimento, existe autoritarismo, desrespeito, intolerância, o que esperar de outros segmentos da sociedade? Só os famintos machucam, ferem, irritam-se, condenam, punem. Uma pessoa satisfeita é altruísta, gentil e solidária.

Não se conquista a maturidade psíquica com informações lógicas e teses acadêmicas, mas com nutrientes que alicerçam a sabedoria. A maioria das universidades forma pessoas famintas, desnutridas, despreparadas para lidar com desafios, crises, riscos.

Uma sociedade doente que gera pessoas doentes

Jesus nunca expôs publicamente os erros de ninguém. Ele protegia as pessoas delicadamente, queria nutri-las psiquicamente. Só uma pessoa nutrida com autocrítica tem consciência dos próprios erros, só uma pessoa nutrida com generosidade pode não ser carrasco dos outros e de si mesma.

É comum, nos consultórios de psiquiatria, atendermos pacientes feridos pela culpa, mentes aprisionadas pela autopunição. O sentimento de culpa mal trabalhado e a autopunição aviltam o prazer de viver, destroem a capacidade criativa. Superar esses sentimentos é vital para estruturar a psique.

Algumas religiões fomentam a culpa e a autopunição, o que leva alguns psiquiatras e psicólogos, numa generalização superficial, a afirmar que todas as religiões cometem essa falha. Se eles estudassem a filosofia do Pai-Nosso, perceberiam que essa oração é um mapa para encontrar alívio na terra das perdas, segurança nas tempestades psíquicas, prazer na miséria social.

O cristianismo construído por muitos seguidores de Jesus ao longo dos séculos foi em muitos aspectos massacrante e controlador. Todavia, o cristianismo proclamado pelo Mestre dos Mestres renovava a psique dos estressados, irrigava a saúde emocional dos frustrados, estimulava a inteligência dos incautos. Andar ao lado desse homem intrigante era um convite para ser saudável, sereno, inclusivo.

Jesus não apontava o dedo para os erros humanos, mas acolhia e compreendia o ser humano que errava. Só foi contundente com os fariseus que se ocultavam debaixo de uma máscara religiosa. Eram hipócritas, que na língua grega significa alguém que representa ser o que na realidade não é.

Jesus exigiu pouco, mas saciou muito. Tratou primeiro da paralisia intelectual dos aleijados para depois ensinar-lhes a andar. Andar para onde? Andar nas trajetórias do próprio ser. A maioria de nós, inclusive intelectuais e cientistas, jamais fez essa jornada. Por quê? Uma das causas é o medo de reconhecer as próprias loucuras e limitações. Você tem esse medo?

Se deseja tornar-se uma pessoa madura, exija menos dos outros e entregue-se mais. Não aplauda apenas os que sobem no pódio, mas os que ficam nos últimos lugares. É uma violência punir os alunos que tiraram más notas, desvalorizar os escritores que não fizeram sucesso, os empregados que não tiveram bom desempenho, o esportista que tropeçou, o amante que foi traído.

Os frágeis punem, excluem e discriminam, mas as pessoas sábias promovem o ser humano. Durante mais de duas décadas tenho desenvolvido uma nova teoria sobre o funcionamento da mente, a construção de pensamentos e o processo de formação da personalidade, chamada Psicologia Multifocal ou Inteligência Multifocal. Ela mescla conhecimentos psicológicos, pedagógicos, sociológicos e filosóficos. Minha preocupação como produtor de conhecimento é divulgar ciência em todos os meus livros, e sobretudo estimular a arte de pensar de qualquer ser humano.

A humanidade só poderá ser mais solidária e sábia se for mais profunda. No final deste livro veremos que em todas as sociedades desenvolvemos inúmeras necessidades neuróticas que geram disputas predatórias, discriminações, injustiças, agressividades e uma série de transtornos psíquicos. Considero um sério equívoco os cientistas viverem enclausurados dentro das universidades, como se estas fossem sedes de religiões fechadas e dogmáticas.

Todos os pensadores têm o direito e o dever de intervir no teatro social. Deveriam divulgar suas ideias para a sociedade em geral, mesmo correndo o risco de serem criticados, de que zombem de seus livros, rotulando-os com desprezo de obras de autoajuda. A maior tarefa de um pensador, em qualquer área da ciência, é provocar a consciência crítica, estimular a arte da observação e da análise.

Por pesquisar o funcionamento da mente, não acredito em processos mágicos para alcançar sucesso em qualquer área. Por isso, cunhei essas palavras no livro *Nunca desista dos seus sonhos*: "Ninguém é digno do pódio se não usar seus fracassos para alcançá-lo. Fracassos são inevitáveis para quem quer empreender. Mas, infelizmente, vivemos numa sociedade doente que gera pessoas doentes. Uma sociedade que pune os derrotados, destrói a criatividade dos feridos, esfacela o encanto dos frustrados."

Jesus escandalizou os religiosos de sua época dizendo que os que mais falharam foram os que mais amaram. Os fariseus preocupavam-se com a moralidade exterior; ele, com o coração psíquico. Os fariseus ocupavam-se com a obediência; ele, com a motivação interior.

Sua postura era tão revolucionária que foi capaz de dar mais valor a uma mulher que diariamente dormia com homens diferentes do que aos que faziam preces diárias (Mateus 21:31). Como isso é possível? Ela estava em último lugar na escala da moral, mas era honesta com ela mesma e possuía grande capacidade de amar. Tinha mais consciência da própria fome.

Fazer coro para aplaudir os que têm sucesso é tarefa para os prosaicos, mas apostar e nutrir os que falham e parecem incorrigíveis é desafio para os sábios. Valorizar os que nos dão retorno é tarefa para os comuns, mas acreditar e suprir os que nos perturbam é desafio para os sábios. Muitos educadores têm preferência pelos alunos bem-comportados, mas são os alunos com maiores dificuldades que precisam da atenção de seus mestres.

Que tipo de pessoa você é? Que tipo de pessoa eu sou? Faço-me sempre essa pergunta e, quanto mais a faço, mais compreendo minhas falhas. Falta-me muitas vezes solidariedade, gentileza, generosidade, serenidade, afetividade. Reciclar-me é uma tarefa contínua.

A filosofia do Pai-Nosso vai contra a sociedade desumana e a religiosidade superficial. Ela supre de pão todo ser humano, dos vaiados aos aplaudidos, dos sábios aos incautos, dos miseráveis aos milionários, dos pacientes aos psiquiatras, dos imorais aos puritanos, dos heterossexuais aos homossexuais. E ela faz isso por concluir que no fundo somos todos uma plateia de famintos, uma casta de desnutridos.

Capítulo 3

Os miseráveis estão em todos os lugares

Pães que o sistema educacional pouco elaborou

Que homem é esse que discorreu sobre o pão quando todos esperavam que falasse de dogmas? Que homem é esse que apresentou uma mesa ao ser humano quando todos esperavam regras para ensinar como se prostrar diante do Todo-Poderoso? Jesus estilhaçou paradigmas.

Descartes, Voltaire, Kant e tantos outros filósofos discutiram sobre Deus em seus textos filosóficos, mas se tivessem estudado a proposta de Jesus discorreriam com mais coragem. Muitos se acham indignos de levantar os olhos para o céu, pois Deus é para eles uma fonte de temor, mas o homem Jesus fez o ser humano se assentar à mesa com Ele, olhar nos seus olhos e tratá-lo como um Pai.

Vivemos em sociedades livres, mas onde estão as pessoas livres? Certo nível de ansiedade é aceitável e estimulante, mas, quando a ansiedade é intensa, gera sintomas psicossomáticos. Há poucos meses dei algumas conferências em um congresso internacional de medicina dentro de um transatlântico que circulava pelas ilhas gregas. Meus ouvintes eram ilustres médicos, inclusive respeitados professores de medicina.

O organizador do congresso, um excelente líder da medicina, estava preocupado com a qualidade de vida dos médicos. Ele me convidou a partir da leitura de meu livro *O futuro da humanidade*, onde faço críticas sérias à medicina moderna que valoriza a doença e não o doente.

Na ocasião, além de falar sobre o funcionamento da mente, sobre como proteger a emoção, reeditar o filme do inconsciente e ter um eu protagonista no teatro psíquico, fiz um teste sobre os sintomas psíquicos e psicossomáticos dos presentes.

O resultado? Apesar de todos estarem a bordo de um navio belíssimo, a maioria sofria de cefaleia, dores musculares, gastrite, fadiga excessiva, déficit de memória, irritabilidade, flutuação emocional, mente inquieta. Se brilhantes médicos estão com todos esses sintomas, como andará o resto da população?

Médicos, fisioterapeutas, enfermeiros, psicólogos, educadores, executivos, jornalistas, filósofos, líderes religiosos preocupam-se com os outros, mas frequentemente não sabem proteger a própria psique e cuidar de si mesmos.

Raramente dou entrevistas em meu país. Primeiro, porque quero preservar minha intimidade. Segundo, porque não sou melhor intelectualmente do que ninguém. Em pouco tempo, como qualquer mortal, terminarei o espetáculo da existência no palco de um túmulo. E o que levarei? O que você levará?

É prazeroso viver no anonimato. Já recebi de presente alguns dos meus livros sem que as pessoas soubessem que eu era o autor. Não faz muito tempo entrou num avião um senhor cego muito bem trajado e sentou-se ao meu lado. Perguntei-lhe sobre sua cegueira e ele me falou sobre os aspectos fisiológicos da sua falta de visão.

Pela bela exposição, indaguei se era médico. Respondeu que não, que era um psicoterapeuta e treinava centenas de profissionais em vários estados. Em seguida, voltou-se para mim e perguntou meu nome. Respondi que me chamava Augusto.

Ele franziu a testa e perguntou: "Por acaso você é o Augusto Cury?" Constrangido e sem entender a pergunta, disse que sim. Então ele tirou um gravador e encostou-o no meu ouvido. Era um dos meus livros que sua secretária havia gravado. Falou comovido que havia acabado de dar uma conferência em que comentara várias das minhas ideias. Fiquei feliz. Trocamos belas experiências. Aprendi com esse homem sensível, humano e que enxergava melhor do que eu, embora fosse cego.

Quando nos humanizamos através do nutriente do diálogo, a vida assume outras perspectivas. Mas há muitos seres humanos que nunca conseguiram falar de si mesmos, a não ser para profissionais como eu. Entre eles há pessoas que, embora maravilhosas, emudeceram e se calaram por causa do medo de descobrir que são imperfeitas.

Os miseráveis do milagre econômico estão mais próximos de nós do que imaginamos. Embora irreconhecíveis, os mendigos psíquicos se encontram em todos os lugares, e talvez sejamos um deles.

Instigando a ousadia

O segredo da segunda parte da oração do Pai-Nosso derivado da frase *O pão nosso de cada dia nos dai hoje* é a ruptura da timidez e o incentivo à ousadia antirreligiosa. O verbo "dar" está no imperativo, expressando um pedido sem meias palavras, um desejo corajoso.

Jesus parecia querer dizer aos que o ouviam no Sermão da Montanha: *"Se Deus é Pai, ninguém deve ter medo de se dirigir a Ele ousadamente. Não sejam tímidos, não peçam com timidez para que Ele os sacie. Clamem: 'Dá-me o pão que hoje pode saciar minha emoção, que pode aliviar minha angústia, minha dor e insegurança.'"*

Toda a oração do Pai-Nosso é uma vacina contra a timidez. Ela instiga as pessoas a deixarem de ser pobres miseráveis diante desse Deus invisível. A religião humana tende a produzir, com as devidas exceções, pessoas caladas e temerosas, mas a filosofia do Pai-Nosso incentiva a intrepidez. Se Deus não é uma ilusão do intelecto humano, se Ele é real e se coloca como Pai, então deveríamos todos perder o medo diante dele.

É interessante a análise psicológica da parábola do filho pródigo (Lucas 15:11). O filho gastou todo o dinheiro da herança recebida do pai com orgias, prostitutas, noitadas, até o dinheiro acabar. Para não morrer de fome, o jovem se alimentava da comida dos porcos de que tratava. Certo dia, pensou na bondade do pai. Lembrou-se de que todos os seus empregados comiam e se vestiam com dignidade. Então desejou voltar não porque amava o pai, mas porque queria sair do caos e aliviar a miséria.

O que fazia o pai nessa parábola? Condenava o filho? Lembrava-se dele com ódio? Reclamava da sua rebeldia? Não! Diariamente ia esperá-lo. Era uma espera ansiosa, aflita. O filho esquecera-se do pai, mas o pai jamais se esquecera do filho. Anos ou meses se passaram até que um dia o filho surgiu no horizonte. Quem viu primeiro? O pai enxergou o filho. Com olhos cheios de lágrimas, correu ao seu encontro e o beijou.

Quando o filho ensaiou pedir desculpas e reconhecer seus grandes erros, o pai o silenciou. Não pediu contas do dinheiro que lhe dera, não quis saber com quantas mulheres dormira, quanta droga tinha tomado, quantos palavrões proferira e quais crimes cometera. Para o pai bastavam as dramáticas lições que a vida tinha dado ao filho, não era necessário nenhuma punição, sermão, crítica e lição de moral adicional.

Na chocante parábola do filho pródigo, o Deus do Pai-Nosso foi tão absurdamente generoso que preparou a melhor festa para quem estava em último lugar, para quem não merecia sequer um aperto de mão, para quem o rejeitara.

O Mestre dos Mestres instiga as pessoas a não se aproximarem desse complexo Deus na posição de *seres humanos imorais, baixos, rudes, complicados, indignos das suas benesses*. Há mais de dois bilhões de cristãos na Terra, mas provavelmente a grande maioria segue um Deus desconhecido. Recitam automaticamente a oração do Pai-Nosso sem dissecá-la.

Aproximando os distantes, rompendo barreiras

Na psicologia do Sermão da Montanha Jesus provoca a humanidade a pedir *"dá-me o pão de hoje, dá-me o pão que alivia minhas angústias, dá-me a força que aquieta meus medos, o ânimo que refaz meu cansaço, a tranquilidade que abranda as tormentas do meu estresse"*.

Não é uma aquisição mágica. Não há milagres na psique, tudo é um processo de conquista. Veremos isso quando entrarmos nos capítulos que abordarão os demais pensamentos dessa intrigante oração, em especial quando estudarmos o "eu saudável e o eu neurótico".

Só um filho íntimo do pai pode chegar diante dele e dizer "dá-me". Um estranho não teria tal coragem. A intenção não é de explorar o pai, mas de estimulá-lo a dar o que ele possui em abundância e o que deseja dar. Mas só dará se houver um processo de busca.

Muitos filhos exploram seus pais financeiramente, querem seu dinheiro, mas não se importam com a sua personalidade. Não aprenderam a conhecer intimamente os pais. Não é correto que nossos filhos *exijam* coisas materiais, mas que as *peçam*. E devemos dá-las com critério, para que eles não se tornem consumistas de produtos, e sim de ideias, cultura, ética, solidariedade.

Entretanto, em relação aos nutrientes psíquicos, é correto, legítimo e necessário que nossos filhos nos peçam com veemência. Quais são esses nutrientes? Nossa presença, diálogo, afeto, entrega, troca de experiências.

Qualquer pai com boa condição financeira pode dar presentes, computadores, roupas e as melhores escolas para os filhos, mas só os pais maduros dão de si e repartem suas histórias para que os filhos desenvolvam sua personalidade com sabedoria. Só os pais intelectualmente nobres contam seus sofrimentos e derramam suas lágrimas diante dos filhos para que eles aprendam a tropeçar e levantar, chorar e serem consolados.

Essa linha de pensamento é um dos segredos subjacentes da oração do Pai-Nosso.

Um ar fresco para o ofegante

O terceiro segredo filosófico do Pai-Nosso está indicado pela palavra "hoje". Essa palavra revela a porção diária, o momento presente. A última porção da sobremesa é experimentada com mais gosto, o ar aspirado depois do ambiente fechado tem mais frescor, a água tomada no desespero da sede possui outro sabor. O pão não deve ser acumulado, mas vivenciado como uma experiência única, especial.

Parece supérfluo dizer "o pão nosso de cada dia nos dai hoje" num texto curtíssimo e resumido. "Dia" e "hoje" são duas palavras com significados muito próximos. Entretanto, o sentido é esplêndido, revelando que a experiência psíquica do presente deve ser arrebatadora. Por não transformarem o presente numa experiência vibrante, muitos são miseráveis tendo abundância de bens, fama e cultura acadêmica.

Quando eu era estudante de medicina, não tinha carro, dinheiro para ir a restaurantes e mal dispunha de recursos para andar de ônibus. Certa vez, quando deixei minha namorada, hoje minha esposa, na casa dos seus pais, eu sentia fome, mas não tinha dinheiro para lanchar.

Naquele momento, enfiei as mãos nos bolsos e achei uma pequena moeda que era suficiente para comprar um pão de 50 gramas. Jamais esqueci aquele pequeno pão, embora não me lembre mais de milhares de alimentos degustados em restaurantes ao redor do mundo.

Não era o pão em si. Era o momento único, fascinante, onde fiz muito do pouco. Hoje tenho mais do que mereço. O dia em que achar que mereço tudo o que tenho estarei infectado pelo orgulho. E, por ter conforto material, atualmente corro o risco de ser mais um miserável com depósitos no banco.

Se não treinar minha emoção para fazer do presente uma experiência sublime, se não valorizar diariamente as pequenas coisas, inclusive cada ser humano ao meu redor, destruo a singeleza da vida.

Como anda sua emoção? Que valor têm as coisas simples que o cercam? Você gravita na órbita do futuro, nas preocupações do amanhã, ou vive intensamente as pequenas alegrias do seu presente?

Às vezes não possuímos grandes bens materiais, mas somos miseráveis, pois nos especializamos em reclamar e valorizar o que nos falta e não nos alegrar pelo que temos e somos. A sensibilidade depende de nossa visão e postura de vida.

Muitos só têm motivação enquanto disputam uma corrida, pois, quando atingem a chegada, perdem a alegria. Só encontram prazer na adrenalina da trajetória. Não desfrutam o conforto que conquistaram, o prestígio que alcançaram, a descoberta que fizeram.

Alguns detestam férias. Depois de dois dias de descanso, como bons soldados que só sabem viver em tempo de batalhas, querem voltar ao ambiente estressante. Só se sentem vivos ao lidar com problemas. Estão inconscientemente psicoadaptados à rotina estressante.

O fenômeno da psicoadaptação pode diminuir o prazer do presente. A abundância excessiva pode levar à perda do encanto, ao esfacelamento da motivação, à perda do sabor. O fenômeno da psicoadaptação faz da emoção um fenômeno ilógico.

Por outro lado, a escassez extrema também estilhaça o prazer. As necessidades físicas e psíquicas não atendidas produzem ansiedade. A fartura em excesso e a escassez, mal trabalhadas, podem ser celeiros de angústias.

Sentir cada abraço como se fosse o último. Aspirar o perfume dos alimentos e seu sabor como se fossem inigualáveis.

Onde estão frequentemente as pessoas que mais valorizam a vida? Não nos shoppings ou nas universidades, mas nos velórios e nos hospitais. Quando a existência está correndo risco, percebemos sua grandeza. Valorizamos o coração quando sentimos uma arritmia, a cabeça quando sofremos uma cefaleia, cada momento quando estamos com uma doença grave.

Um médico comunicou a um rico intelectual que ele estava com câncer. O paciente, que se achava imbatível e só sabia trabalhar, entrou em crise, perdeu a segurança. Seu mundo desabou. Deu-se conta das inúmeras coisas importantes que adiara.

Então passou a ser afetuoso com a esposa como raramente fora. Gastava tempo com os filhos descobrindo-os, falando-lhes o que jamais tivera tempo ou coragem de dizer. Passou a aspirar o perfume das flores, a se encantar com a beleza da natureza. Engolia avidamente o tempo, aproveitava cada minuto.

Entretanto, não deveríamos esperar ter a saúde comprometida para resgatar o valor da existência. Precisamos exaltar a vida quando estamos saudáveis. Procurar viver cada minuto com intensidade como se fosse o último. Viver cada dia com vibração como se fosse único. Amar as pessoas próximas como se fôssemos deixar de vê-las. É o que nos ensina a psicologia do Pai-Nosso.

Pense no amanhã apenas para planejá-lo e tomar algumas precauções, mas não viva o amanhã. Encene a peça da vida no palco do tempo presente – do hoje – como se fosse o último espetáculo.

Hoje é tempo de mudanças!

Hoje é tempo de diminuir nossas atividades. Se não for possível fazer uma grande cirurgia em nossa agenda, devemos nos programar seriamente para começar a fazê-la amanhã, depois, gradativamente, no correr dos anos. Hoje é tempo de rever nossas metas, colocar colírio em nossos olhos para enxergar o que tem importância.

Hoje é tempo de amar nossos filhos, elogiá-los por tantas coisas que fazem e que consideramos meras obrigações. Hoje é tempo de descobrir cada um com suas características únicas. Hoje é tempo de pedir-lhes perdão pela nossa falta de tempo, sem usar a desculpa de que tudo o que fazemos é para eles. Hoje é tempo de cobrar menos e abraçar mais. É tempo de dizer que eles não estão no rodapé de nossas vidas, mas nas páginas centrais de nossas histórias.

Hoje é tempo de deixar nossos títulos acadêmicos e nossa posição social, de procurar nossos amigos, abraçá-los, convidá-los para jantar, resgatar o passado, saber do presente, dar risadas descompromissadas.

Hoje é tempo de conversar com nossos pais, descobrir seus mundos, desvendar capítulos de suas histórias que jamais conseguimos ler. Perguntar quais foram suas batalhas mais importantes, suas conquistas mais desafiantes.

Hoje é tempo de olhar nos olhos de quem amamos, pedir desculpas pelo excesso de trabalho, pela nossa rigidez, cruzar nosso mundo com o deles, fazer programas diferentes, relaxar, ouvir. Hoje é tempo de namorar, de dizer com ternura "Eu te amo" ou de admitir honestamente "Não sei amar, só sei trabalhar. Ensine-me a amar você".

Hoje é tempo de perdoar, de compreender, de minimizar as ofensas. É tempo de não levar a ferro e fogo nossas manias e exigências. Hoje é tempo de esperar menos dos outros e cobrar menos de nós mesmos. É tempo de aceitar o que não conseguimos mudar sem cair no conformismo de aceitar o que é possível transformar.

Hoje é tempo de enfrentar nossas fragilidades, desvendar nossas "loucuras", nos repensar, reciclar e descobrir que somos seres humanos sem vocação para deuses.

É tempo de estabelecer estratégias para atingir nossos mais belos alvos. Hoje é tempo de resgatar sonhos perdidos, de rejuvenescer nossas emoções, de fazer coisas simples que irradiam alegria, de dirigir o roteiro de nossa história.

As palavras do Mestre dos Mestres não apenas estimulam o desenvolvimento da psique como previnem transtornos psíquicos. Sim, hoje é tempo de ingerir o pão nosso de cada dia. Porque, sem tal nutrição, a vida não terá sabor, esperança, estímulo, aventura, encantos, saúde. Seremos eternos famintos no único lugar em que não se admite ser miserável. As desculpas são um dos sintomas dos desnutridos. Que desculpa vamos dar para adiar o que tem de ser feito hoje?

Capítulo 4

O nutriente do diálogo: o fundamento das relações sociais

Um projeto para a humanidade

Qual a abrangência do projeto de Jesus Cristo? Que tipo de religião desejava abarcar? Para que tipo de pessoas o homem mais famoso da história queria falar? Que ser humano desejava conquistar?

Quando Maria apresentou o menino Jesus no templo, logo após o seu nascimento, apareceu um homem idoso e sábio, chamado Simeão, que surpreendeu profundamente seus pais e o mundo afirmando: "*O menino será luz para iluminar as nações e glória de teu povo, Israel*" (Lucas 2:32).

Simeão ainda disse algo incomum. Comentou que Jesus abriria como lâmina a alma humana para expor os pensamentos ocultos, revelando suas contradições e enfermidades psíquicas. A arrogância, a prepotência, a moralidade punitiva, a insensatez seriam reveladas. Maria não compreendia o significado dessas palavras, mas não se intimidou com elas.

As palavras de Simeão são poéticas e humanistas. Elas penetraram como um raio na psique de Maria, iluminando seu processo intuitivo e suas metas educacionais. Seu pequeno menino que começou a fazer inúmeras perguntas desde a mais tenra infância, que tinha uma curiosidade e uma argúcia intelectual fascinantes, não viveria apenas para sua família e para a sociedade judaica. Ele se entregaria ao mundo.

Refletindo sobre esses fenômenos, Maria compreendeu algo deslumbrante: o projeto de Deus não se destinava apenas ao povo judeu, mas a toda a humanidade. Frequentemente nossos projetos são para um grupo ou sociedade restrita: um projeto católico, protestante, islamita, americano, brasileiro, francês, japonês.

Entretanto, devido aos graves problemas climáticos, estamos descobrindo o óbvio: somos uma única espécie vivendo num mesmo planeta. Precisamos cuidar com o maior carinho de nossa espécie e do terreno em que ela vive. Precisamos transcender nosso bairrismo, nosso egoísmo, e enfocar projetos globais.

Jesus seria uma glória para Israel porque nasceu judeu, mas seria luz para todos os povos porque ensinaria a espécie humana a caminhar. As palavras de Simeão estão em total sintonia com o mais abrangente texto proclamado por Jesus. De quem o Deus do Pai-Nosso anseia ser Pai? Dos judeus? Dos cristãos? Dos muçulmanos? Dos budistas? Ele deseja ser Pai da humanidade, sem qualquer exceção.

Vimos no primeiro livro a abrangência magnífica das palavras "Pai nosso". Agora temos de entender a abrangência das palavras "pão nosso". Pão para saciar quem? A oração de Jesus não especifica, não rotula, não classifica. Por quê? Porque o pão é destinado a saciar todo ser humano, independentemente de sua raça, cor, status e religião.

Esse é o quarto segredo. Amamos nosso feudo, nosso grupo, nossa nação, nossa cultura, mas Jesus foi 100% pela humanidade. Se você não for capaz de amar ou pelo menos respeitar pessoas diferentes, você não está alinhado com o pensamento do Mestre dos Mestres.

No começo da jornada, seus discípulos eram sectários e exclusivistas. Desejavam se apossar do homem de Nazaré, fazer dele um rei judeu, capaz de investir apenas em Israel. Queriam, como muitos na atualidade, fazer de Jesus uma propriedade de sua religião.

Não percebiam que ele corria risco ao proteger prostitutas, que tratava os leprosos com afeto, que lidou com seu traidor com amizade e com aquele que o negou com um olhar compreensivo. Esses gestos eram suficientemente eloquentes para revelar que seu projeto abarcava a humanidade.

Jesus era um homem único, abrangente, inclusivo, que transcendia seu grupo de seguidores próximos. Era capaz de assombrar quem o ouvia afirmar que o valor não estava em amar os que nos dão retorno, e sim em amar aqueles que nos perturbam, nos decepcionam, até os inimigos.

Instigando o pensamento

Para mostrar que seu projeto era para a humanidade, ele foi contundente ao quebrar paradigmas e romper sectarismos. Certa vez uma mulher sírio-fenícia, portanto estrangeira, se aproximou dele muito aflita (Marcos 7:24). Os discípulos e outras pessoas observavam Jesus. Por serem radicais, não gostaram dessa aproximação.

A estrangeira rogou-lhe ajuda. Sabendo que ela se sentia socialmente excluída, Jesus provocou sua inteligência, estimulou sua ousadia e sua fome psíquica. Disse-lhe que *"primeiro era necessário saciar os filhos e depois os cachorrinhos"*.

Aparentemente Jesus foi rude com a mulher, apesar de saber que ela se sentia uma estranha no ninho na sociedade judaica, numa cultura à qual não pertencia. Quem já entrou em uma religião ou sociedade fechadas sabe a dor da exclusão.

Provocada por Jesus, a mulher reagiu, superou sua timidez. E o fez com dignidade. Respondeu: *"Sim, mas os cachorrinhos comem as migalhas que caem debaixo da mesa."* Em outras palavras, a forasteira quis dizer: se os judeus não te valorizam, se deixam as migalhas caírem com abundância debaixo da mesa, eu o valorizo. As migalhas me servem. Eu as quero.

Jesus estimulou a mulher a viver concretamente a oração do Pai-Nosso. Incentivou-a a exigir o pão nosso de cada dia naquele momento. Se Deus é Pai, ela tinha direito ao pão. Ela resgatou sua autoestima, saiu da sua condição de inferioridade e reagiu altaneiramente.

A estrangeira conquistou o Mestre. E, por isso, recebeu da parte dele solenes elogios. Jesus a valorizou acima dos fariseus e dos notáveis religiosos que oravam e liam diariamente as Escrituras. Ela talvez não soubesse fazer orações nem conhecesse o Velho Testamento, mas tinha um coração nobre.

Devido à exaltação da mídia, alguns políticos, artistas e intelectuais dizem coisas comuns e ganham as primeiras páginas. Em contrapartida, pessoas anônimas e simples dizem coisas riquíssimas que nunca são registradas. O comportamento de Jesus com a estrangeira foi equivalente ao impacto que causaria tirar o microfone de um ícone da mídia, de um artista famoso, e dá-lo para um mendigo que passasse pela rua. Se seu projeto fosse apenas judaico, provavelmente ele jamais exaltaria a mulher sírio-fenícia.

No passado, eu achava que esse Jesus era uma invenção da mente de alguns judeus. Mas, analisando-o, entendi que sua personalidade transcende a criatividade de qualquer intelectual. Não é sem razão que o chamo de Mestre dos Mestres.

O melhor mestre não é o que bombardeia a memória de seus alunos com informações, mas o que instiga a arte de pensar. Não é o que tem eloquência, mas o que inspira a criatividade. Não é o que aplaude os notáveis, mas o que resgata a autoestima dos excluídos.

Jesus incitava a fome intelectual e espiritual das pessoas em todas as situações. Aproveitava cada oportunidade para nutrir o ser humano. Pelo caminho, encontrou vários que viviam o paradoxo: personalidades famintas que mendigavam pão psíquico em corpos bem nutridos.

Quero agora citar alguns tipos de nutrientes com que Jesus, de maneira direta ou indireta, aos brados ou em silêncio, à beira do mar ou no templo, contando parábolas ou falando simplesmente, supria as pessoas. O assunto é tão abrangente que tratarei dele em diversos capítulos.

Vamos ter coragem para entrar em contato com nossa realidade interior e observar se, apesar de nos considerarmos abastados, não somos desnutridos do que é essencial para a realização do ser humano.

O pão do diálogo

Dialogar não é simplesmente falar, produzir palavras, fazer gestos dosados. É ser espontâneo, singelo, sincero. É abrir o livro de nossa história para que os outros leiam nossos textos ocultos. É sair do prefácio para conhecer os capítulos mais importantes das pessoas com as quais nos relacionamos.

Dialogar é falar o que as pessoas necessitam ouvir e não apenas o que nos interessa. É ouvir o que os outros têm para nos dizer e não o que queremos ouvir. Dialogar não é conversar, emitir sons, falar do trivial. Dialogar é se entregar. É provável que a quase totalidade das pessoas não saiba dialogar, mas apenas conversar.

Dialogar é se deixar conhecer sem medo pelo cônjuge, filhos e amigos. É tirar as máscaras sociais. É chorar se necessário. É falar de nossas fragilidades, discutir nossas inseguranças, dissecar nossos temores, penetrar no tecido dos nossos traumas. O quanto as pessoas o conhecem revela o nível do seu diálogo com elas. Não reclame delas, reclame de você mesmo.

Ter a capacidade de dialogar é adquirir o que o dinheiro não pode comprar, o poder não consegue atingir, a fama não é capaz de alcançar. É ser apenas uma pessoa com seus acertos e erros, toques de ousadia e reações de timidez, lances de lucidez e momentos de estupidez. É sair da esfera do heroísmo para entrar na esfera do humanismo.

Dialogar não é controlar pessoas, mas dar oportunidade para que elas se expressem. Se você não der liberdade para seus filhos, cônjuge ou colega de trabalho se expressarem, não promove a liberdade, mas o bloqueio psíquico. Dialogar não é dizer apenas "Eu penso isso", mas sempre perguntar "O que você pensa disso?".

Dialogar não é dominar reuniões, mas dividir a pauta. Não é ser rígido na imposição de ideias, mas debatê-las. Não é querer ser uma estrela, mas estimular os outros a brilhar. Não é ficar tenso, mas relaxar. Não é se preocupar excessivamente com a opinião dos outros, mas se soltar.

Dialogar é irrigar a emoção com saúde e o intelecto com criatividade. Não é apontar os erros dos outros, mas reconhecer os próprios. Não é discorrer sobre os desapontamentos e frustrações de que somos vítimas, mas os que nós causamos.

Dialogar é olhar para dentro de nós mesmos. É tirar as vendas dos nossos olhos para poder ajudar os outros a enxergarem. Não é apenas ensinar uma criança, mas aprender com ela, com sua singeleza e vivacidade. Não é ser um manual de regras, mas um manual de vida. Não é revelar a insanidade dos outros, mas descobrir a nossa.

Na minha análise da inteligência de Jesus, uma das frases que considero mais marcantes sobre seu comportamento é que "nunca alguém tão grande se fez tão pequeno para tornar os pequenos grandes". Dialogar não é expor publicamente as falhas dos adolescentes, mas corrigi-los secretamente e exaltar suas qualidades. Não é exigir resultados imediatos, mas plantar sementes. Dialogar é procurar falar a linguagem dos outros, viver seus sonhos, entrar em seus conflitos.

Dialogar não é constranger um colega de trabalho, mas encorajá-lo. Não é diminuí-lo, mas incentivá-lo. Dialogar é ter o prazer de explorar o mundo do outro. É entender que os conflitos, medos, ansiedades, derrotas fazem de cada ser humano um personagem complexo e interessante. Não é excluir, mas abraçar. Não é punir, mas compreender. A arte do diálogo implica ser um mestre em aprender.

Vivendo na superfície

Tanto nos EUA como na Europa as pessoas sabem trabalhar, ser éticas e respeitar os direitos humanos. Mas quem sabe dialogar? Quais são os amantes que abrem o livro de sua história e se deixam conhecer sem medo? Quais são os pais que falam sem temor dos dias mais angustiantes de suas vidas para os filhos?

A arte do diálogo é composta de mais de cem itens, e milhões de pessoas, inclusive líderes espirituais e intelectuais respeitados nas universidades, falham em quase todos. Muitos acreditam que sabem dialogar porque são capazes de falar com eloquência, mas no fundo monopolizam a conversa, discursam sem ouvir os outros. São candidatos a deuses, mas não a seres humanos que se relacionam com os demais.

Mesmo no Brasil, onde as pessoas são mais abertas, festivas, sorridentes, é mais difícil encontrar quem saiba dialogar do que diamantes no leito dos rios.

O sistema educacional nos habilita a fazer cálculos matemáticos com precisão e a discutir partículas atômicas com segurança, mas não nos ensina a discorrer sobre nossa personalidade e ouvir com interesse e abertura o que os outros têm a dizer. Formamos pessoas incapazes de lidar com crises externas, porque não sabem lidar com suas crises internas.

O diálogo evita guerras, previne transtornos psíquicos, alivia crises sociais, estanca a violência. As sociedades modernas, cada vez mais doentes, transformam a psiquiatria e a psicologia clínica nas profissões do futuro.

Pouco adianta cuidar dos níveis de colesterol, da dieta e de exercícios físicos, se não nos nutrimos com o pão do diálogo. Quem vive a arte do diálogo vive melhor e provavelmente por mais tempo.

Jesus foi o mais excelente Mestre do diálogo. Ele viveu na plenitude a profundidade das trocas de experiência. No ápice da fama, chorou no Jardim das Oliveiras diante de perplexos discípulos. Abraçou pessoas simples como mendigos, cegos e aleijados dando-lhes uma atenção especial.

Certa vez contou uma parábola simples, mas chocante. Disse que havia um homem ferido, mutilado, sangrando, à beira do caminho (Lucas 10:29). Ele fora assaltado e espancado. Estava desamparado e com dores intensas. Morreria sem assistência.

Passou por ele um líder religioso. Ao vê-lo, o religioso, que devia ler diariamente a Bíblia, desviou seu olhar e sua trajetória. Certamente disse para si mesmo: "Este moribundo está ferido porque cometeu erros", "Se está mutilado é porque foi julgado por Deus".

O discurso interior desse sacerdote era uma desculpa para não se comprometer, se doar. Provavelmente achava que cuidar de 99 pessoas bem-comportadas era mais importante do que tratar de um miserável.

Pouco depois, um samaritano passou pelo mesmo ferido. Os samaritanos eram da região de Samaria, desprezada pelos judeus, considerada um antro de imoralidade. Todavia, apesar de não ter formação teológica e prática religiosa notória, ele se compadeceu do moribundo. Dialogou com ele, inquiriu sobre as causas de sua miséria e cuidou afetivamente dele. Jesus exaltou sobremaneira o samaritano. Mostrou que qualquer religião sem diálogo e amor é uma hipocrisia.

O Mestre dos Mestres envolveu os discípulos, reuniu-se inúmeras vezes com eles para debater ideias, expôs seus pensamentos, estimulou-os a compartilhar seus sentimentos, a retirar a maquiagem social e a não terem vergonha de si mesmos.

Sem diálogo, as relações serão sempre superficiais. A aparente tranquilidade será implodida nos momentos de tensão. Muitos irmãos que viveram em relativa harmonia enquanto os pais eram vivos transformaram suas relações numa praça de guerra ao repartirem a herança.

Na terra em que o diálogo é frágil, as disputas, mais cedo ou mais tarde, serão predatórias. Os monstros que dormitam no inconsciente ganharão espaço.

Há milhões de pais que oferecem aos filhos uma mesa farta, os mais ricos alimentos para o corpo, mas esquecem de nutrir o processo de formação das suas personalidades. São fisicamente saudáveis, mas emocionalmente miseráveis. Incontáveis pais dão celulares para os filhos, querem saber *onde* eles estão, mas não dialogam para saber *quem* eles são.

Já tratei de vários psicólogos e de médicos das mais diversas especialidades. Eram pessoas eficientes para dialogar com seus pacientes, mas não sabiam penetrar no mundo dos filhos. O pão do diálogo implica transparência, nos impele a dar primeiro o que somos e depois o que temos.

Se minhas filhas me amarem pelo que tenho, e não pelo que sou, terei fracassado como pai. Se não aprenderem a fazer escolhas e escrever a própria história, viverão na minha sombra, e terei fracassado como educador. É fácil errar nessa área, mesmo sendo um especialista nela. Permita-me contar uma história.

Certa vez minha filha Camila chegou até mim e disse: "Pai, você atende vários pacientes, dá inúmeras conferências, conversa com muitas pessoas, mas ultimamente não tem dialogado comigo."

Seus olhos se encheram de lágrimas. Eu poderia tecer uma série de argumentos e apresentar um conjunto de desculpas para justificar minha falta de tempo. Mas senti que se tratava menos da quantidade de tempo e mais da forma como eu usava meu escasso tempo para trocar experiências com minha filha.

Eu estava falhando em dialogar com quem amo muitíssimo. Nesse momento, fitei Camila nos olhos, pedi perdão e a abracei, profundamente comovido. Disse-lhe que iria procurar corrigir meu erro.

Nós moramos no campo. A noite seguinte estava belíssima e estrelada. Eu a chamei para caminhar comigo. Os grilos faziam uma bela serenata e as plantas exalavam um doce perfume. A certa altura, pedi que Camila olhasse para o céu e escolhesse uma estrela. Ela não compreendeu minha intenção. Ficou surpresa, mas me atendeu. Olhou para o alto e apontou uma grande estrela brilhante.

Então, falei: "De hoje em diante essa estrela será sua. Não tenha medo da vida quando estiver atravessando uma tempestade e o seu céu estiver carregado de nuvens escuras. Olhe para a sua estrela interior. Aprenda a segui-la."

Minha filha suspirou e se emocionou. Em seguida, completei: "Nunca esqueça que, mesmo quando eu fechar os olhos para esta vida, sua estrela continuará brilhando dentro de você, revelando que nunca vou deixar de amá-la."

Nesse momento nos abraçamos e choramos juntos. Senti seu coração pulsar. Foi um momento poético e inesquecível. Apesar de ser um especialista e de falar sobre a importância da comunicação para milhares de pessoas, eu tinha falhado em dialogar com minha filha. Mas usei minha falha para me humanizar e construir um relacionamento mais íntimo com ela.

Dei-lhe simbolicamente uma estrela para que ela possa aprender a ser uma navegante nas vielas da sua personalidade. Para mostrar o quanto ela é importante para mim. Camila compreendeu o quanto é insubstituível.

Essa história marcou tanto a nós dois que eu a usei em um dos meus romances, *O futuro da humanidade*, com outros personagens. Quando Camila foi morar no Canadá, ela influenciou muitos jovens, mostrando a estrela que seu pai lhe dera.

Apesar de o Canadá ser considerado o segundo país do mundo em qualidade de vida, lá o diálogo interpessoal e a troca de experiências existenciais frequentemente são reduzidos. Quando Camila retornou ao Brasil, dezenas de jovens canadenses foram ao aeroporto e choraram ao se despedir dela. Ela os contagiara com sua sensibilidade.

Ser um escritor que dá diversas conferências e é lido por milhões de leitores ao redor do mundo me dá uma enorme alegria, mas oferece sempre um risco para a educação das minhas filhas. Sou obrigado a fazer um esforço intelectual maior para diminuir minhas atividades e reconhecer minha pequenez e fragilidade.

Ao escrever este livro, por acaso entrei em alguns arquivos antigos e encontrei uma carta que Camila me escreveu tempos depois do episódio que acabei de contar e que me sensibilizou muitíssimo. A carta revela minha imperfeição como pai e, ao mesmo tempo, minha capacidade de corrigir rotas e nutrir minhas filhas com diálogo. Gostaria de reproduzi-la.

Uma carta de amor para meu pai

Pai, eu vou usar somente o coração e te dizer o que é ser um pai para mim.

É amar o filho incondicionalmente.

É errar, nos machucar, mas sempre tentando acertar.

É deixar correr as lágrimas para que possamos aprender a chorar.

É não apenas nos consolar com palavras, mas usar a sabedoria do silêncio.

É sofrer o que estou sofrendo, ainda que pareça que sofro mais.

É se decepcionar conosco, mas nunca nos negar o perdão.

É saber que não desistiu de nós quando todos cansaram de nos ajudar.

É nos achar lindas, mesmo quando a estética não diz o mesmo.

É não apenas ser grande, mas fazer do que é pequeno grande.

É não comprar o presente mais caro, mas dar o que dinheiro algum compra.

É nos emprestar o seu casaco em um dia gelado, mesmo que passe frio...

É nos levar de cavalinho, mesmo que tenhamos uns quilinhos a mais.

Você fez tudo isso, pai. Por isso você é o meu herói.

A perfeição não te cabe. Brigamos algumas vezes e nos decepcionamos.

Mas nunca deixamos de pedir desculpas.

Quero pedir perdão por não ser a filha perfeita.

Logo saio de casa, mas as sementes que plantou, tenha certeza, brotarão.

Sei que não deve ser fácil ser meu pai. Sou cabeça-dura, teimosa.

Mas saiba que não há ninguém neste mundo que te ame mais do que eu.

Não me deixe nunca. Preciso da sua presença.

Espero que, mesmo com mil compromissos, sempre tenha um lugar para mim.

Amo-te. Você é o meu orgulho.

Da sua filha Camila

Há uma estrela para se dar quando se liberta a criatividade

O maior erro não é falhar, mas negar nossas falhas, abrigar incoerências, equívocos e tolices debaixo do tapete do nosso autoritarismo. Quem aprende a dialogar compreende mais, é mais complacente e menos intransigente, dá sempre uma nova oportunidade para si mesmo e para os outros.

Quem não aprende a dialogar corre o risco de ser algoz dos outros. Cobra excessivamente e se torna punitivo. Ou tem grande chance de se tornar um carrasco de si mesmo. Autoexige-se e se condena de forma implacável. Torna-se especialista em intolerância.

Devemos libertar nossa criatividade para dar "estrelas" às pessoas que amamos. Elas não custam dinheiro, mas são de inestimável valor. Dar estrelas é dizer algo que nunca dissemos para nossos seres amados. É reagir de maneira única em situações em que falhamos. É abrir mão da necessidade neurótica de sermos perfeitos, pois esta é, como veremos, uma das mais importantes causas que promovem o adoecimento social, intelectual e emocional.

Capítulo 5

O nutriente da segurança: administrando a psique

A existência humana é uma caixa de surpresas. Num momento estamos sorrindo; em outro, chorando. Numa estação o sol ilumina nosso rosto; em outra, uma tempestade desaba sobre nossas cabeças. Numa ocasião somos aplaudidos; em outra, esquecidos ou vaiados. Num momento somos heróis; em outro, vilões. Numa temporada somos imbatíveis; em outra, derrotados. Num período parecemos imortais; em outro, nos encontramos num leito de hospital.

Quem pode controlar todos os fenômenos da existência? Ninguém! Mal conseguimos controlar as variáveis que nos envolvem e nos afetam. Quem está preparado para todos os eventos da vida? Ninguém! Talvez os que estejam atravessando um período de bonança se considerem preparados. Desconhecem a instabilidade do processo existencial.

Uma coisa é certa: tudo é incerto. Ricos e miseráveis, intelectuais e iletrados são espectadores de um mundo que não controlam. Todos procuramos uma emoção estável, mas quem não é instável diante dos transtornos afetivos e profissionais?

Numa existência pautada por surpresas e incertezas, a segurança é fundamental para a saúde psíquica. Mas quem é capaz de desenvolvê-la plenamente? O que é ser seguro? É preciso enxergar a segurança emocional por vários ângulos. Nossos conceitos sobre ela são frequentemente errados ou utópicos.

Ter segurança isenta-nos de atravessar os desertos das tensões? Não! Ser seguro não é viver sem ansiedade, mas usar a ansiedade como motivação e não para gerar sintomas psíquicos, como irritabilidade, agressividade, angústia. Ser seguro não é viver sem estresse, mas trabalhar o estresse para gerar expectativas e não para produzir sintomas psicossomáticos.

Ser uma pessoa segura é ter um eu capaz de escolhas livres, é ter autocrítica para não ser controlado pelas ideias pessimistas e pelas intempéries sociais, para não perder a simplicidade, o relaxamento, a espontaneidade. Não se trata de viver sem oscilações emocionais, mas de nos proteger para que a instabilidade não seja doentia, a ponto de num momento estarmos alegres, logo em seguida deprimidos, numa hora tranquilos, minutos depois explosivos.

Desenvolver segurança é desenvolver a capacidade de pensar, de expandir a autocrítica e estruturar a defesa psíquica. Uma pessoa segura minimiza as derrotas e valoriza as conquistas. Uma pessoa insegura maximiza as derrotas e minimiza as conquistas.

Uma pessoa segura não gravita na órbita dos outros, embora os ouça e se permita ser influenciada por eles. Uma pessoa insegura não tem opinião própria, depende do que os outros acham, tem medo de traçar os próprios caminhos e sofrer as consequências das suas decisões.

Uma pessoa segura não tem medo da vida, mas medo de não vivê-la intensamente. Uma pessoa insegura tem medo da existência, bebe da fonte do negativismo, tem uma postura pessimista. Vive uma falsa proteção, onde tudo é difícil, tudo é perigoso. Uma pessoa segura se regozija nas trajetórias; uma pessoa insegura tem medo dos acidentes do caminho.

Uma pessoa segura não abre mão do presente, pensa no futuro apenas para se precaver e se organizar. Uma pessoa insegura destrói seu presente porque se atormenta com problemas que ainda não aconteceram.

Uma pessoa segura não perde tempo quando alguém a ofende, frustra, desaponta. Sabe que as relações sociais são ilógicas e acidentadas. Uma pessoa insegura é hipersensível, se deixa invadir pelos outros, gasta um tempo enorme chafurdando na lama das frustrações.

É importante o leitor entender que ninguém é totalmente seguro ou inseguro. A segurança e a fragilidade, a audácia e o recuo, a coragem e o medo se mesclam na história de cada ser humano. Não há heróis. O processo de busca de segurança é interminável.

A tecnofobia: o medo do desconhecido

Era uma noite de inverno. Eu estava num hotel em Madri quando uma ligação cruzou o oceano. Uma jornalista queria fazer uma entrevista comigo sobre tecnofobia. Tecnofobia é o medo de novas técnicas, é a angústia que emerge no terreno da emoção diante de tecnologias desconhecidas.

A jornalista e eu estávamos a milhares de quilômetros um do outro, mas a tecnologia das telecomunicações encurtou o espaço, rompeu barreiras.

Ela me indagou: o que é tecnofobia, quem a experimenta e por que pessoas inteligentes podem ser vítimas dela? Disse que muitos executivos, escritores, jornalistas, educadores e profissionais liberais têm medo de usar as novas técnicas introduzidas pelo uso do computador e da internet.

Comentei que o medo de falhar, de abortar a criatividade, de não ter competência intelectual para dominar novas ferramentas faz parte da tecnofobia. O medo fomenta a insegurança, a insegurança fecha as janelas da memória, obstruindo a capacidade de assimilar e aprender novos processos.

Comentei que pessoas que sempre foram seguras para lidar com fenômenos conhecidos foram afastadas das artes, da política e da ciência por não conseguirem enfrentar situações novas. Muitos profissionais perderam a ousadia por temerem enfrentar novos desafios e tecnologias.

Disse que o fenômeno do medo é tão antigo quanto o próprio ser humano. Comentei que o pensamento consciente é fruto de um sistema de interpretação que pode distorcer a realidade, maximizando-a no caso das fobias ou minimizando-a no caso de pessoas indiferentes a riscos e perigos.

Por ter um imaginário ilógico, borbulhante e criativo, o *Homo sapiens* pode distorcer de tal forma a realidade que uma simples nuvem é capaz de prenunciar uma tempestade, um inseto inofensivo pode ser fonte de pavor, um ambiente fechado pode transformar-se num local asfixiante.

Para exemplificar, falei sobre a quase ausência de medo em crianças autistas. Elas sobem em escadas altas, atravessam ruas sem olhar, se atiram em piscinas sem saber nadar. Por quê? Não por serem seguras, mas porque a quantidade de experiências psíquicas registradas em sua memória dá poucos subsídios para uma interpretação correta da realidade.

Quando crianças autistas, que possuem um córtex cerebral preservado, são estimuladas a arquivar novas experiências através de técnicas destinadas a expandir a produção de pensamentos, elas desenvolvem, pouco a pouco, uma rica capacidade de imaginação. A partir daí começam a surgir os medos, as inseguranças e os receios. É um desenvolvimento deslumbrante.

Nem todo medo é prejudicial

A jornalista perguntou se todo medo é ruim. Respondi que não. Comentei que há um tipo de medo que preserva a vida humana, evitando situações desnecessárias de risco. Mas existe um medo patológico, doentio, que chamamos de fobia. Fobia é uma reação desproporcional e ilógica diante do objeto fóbico, que pode ser uma pessoa, um animal, um ambiente ou uma situação.

Alguns medos são inevitáveis no processo de formação da personalidade. Deles surge a compreensão dos limites. O problema aparece quando os educadores estimulam a insegurança, expressando preocupações exageradas e contínuas, como "Cuidado!", "Isso é perigoso!", "Você pode morrer!", "Se agir assim, você não vai dar certo na vida!", "Você só dá problema!".

Depois dessas explicações, comentei que todas as vezes que as sociedades deram saltos tecnológicos alguns as acolheram com prazer, outros esfacelaram sua débil segurança e foram alijados das suas atividades. Dei um exemplo interessante. Nas primeiras décadas do século XX, o cinema era mudo. Os atores falavam, mas os espectadores não ouviam. Quando veio a tecnologia do som, tudo mudou.

Excelentes atores se intimidaram diante das novas técnicas. Dominados pela insegurança, começaram a pensar que sua voz não agradaria ao público, que não conseguiriam dar a entonação adequada à fala e que haveria um descompasso entre a imagem e o som. Por esses e outros motivos, muitos desapareceram das telas. A tecnofobia eliminou grandes atores.

A "tecnobsessão" e a pseudoinsegurança

Na atualidade, talvez o maior desafio não seja a tecnofobia, mas um transtorno que chamo de "tecnobsessão". Ela atinge jovens e adultos e é caracterizada pela necessidade ansiosa de assimilar novas técnicas, incorporar novas informações e ficar ligado excessivamente nos computadores. A "tecnobsessão" tem uma variante denominada "internetdependência".

J. M. era um jovem tímido, retraído, sem amigos, raramente abria a boca para cumprimentar as pessoas, mesmo as conhecidas. Na escola ficava mudo; em casa, fechado. Quando algum estranho lhe dirigia o olhar, enrubescia, abaixava a cabeça, sentia-se ameaçado, observado. Então, conheceu o universo da internet.

Aparentemente mudou. Começou a entrar cada vez mais em inúmeras salas de bate-papo. Conversava com todo mundo, parecia ter resolvido sua inibição, ter dado um salto na socialização. Mas, pouco a pouco, o que parecia um oásis virou um deserto. Começou com duas horas por dia, depois quatro, depois seis e na sexta e no sábado passava quase a madrugada toda navegando na internet.

A internet virou sua obsessão, e não sua solução. Ele não falava de si mesmo, não tinha conversas produtivas, disfarçava sua identidade. Dizia coisas falsas a seu respeito, contava façanhas que não realizava. No palco social continuava solitário, inseguro, sem proteção emocional. Em alguns aspectos piorou, tornou-se irritadiço, agressivo, impaciente com o irmão e com os pais. J. M. aprendeu a navegar fora dele, mas não a se interiorizar e se repensar.

A internet trouxe ganhos enormes para a sociedade: democratizou o conhecimento, expandiu a interação social, aproximou as distâncias e melhorou os níveis de comunicação como jamais se viu na história da humanidade. Mas seus efeitos colaterais são gravíssimos, se for mal usada.

Milhões de adolescentes em todas as sociedades modernas vivem a "internetdependência", são viciados, alucinados, fascinados. Se não navegam, sentem tédio, ansiedade, inquietação, humor angustiante, tal como os sintomas de dependência psicológica de uma droga.

A "internetdependência" gera uma pseudossegurança, pois, embora os internautas sejam desinibidos na tela, muitos não conseguem lidar com fatos reais, enfrentar dificuldades, compromissos, críticas, desafios, debater ideias, falar de si mesmos. Deixam de fazer da sua vida uma grande aventura.

Precisamos entender que o caos é capaz de criar um meio de cultura para a criatividade, que nossas fragilidades podem propiciar um terreno fértil para o desenvolvimento da tolerância e as crises criam oportunidades de crescimento. A segurança não é propriedade dos gigantes e dos heróis, mas de seres humanos que falham, choram, se interiorizam, têm coragem para se autoconhecer e são capazes de recomeçar tudo outra vez.

Nutrindo os discípulos com segurança

O Mestre dos Mestres alimentava diariamente seus discípulos com o pão da segurança. Ele não queria produzir super-heróis isentos de conflitos e contradições, mas seres humanos que no traçado da existência aprendessem a se defender e a lidar com suas fragilidades, medos e angústias, bem como a enfrentar as dificuldades e crises sociais. Desconhecendo esse fato, muitos cristãos querem ser super-humanos.

Jesus não almejava que seus discípulos tivessem uma vida artificial, isenta de estímulos estressantes. Ao contrário, à medida que seguiam o intrigante homem Jesus, todos eles viveram estresses muito acima da média. Quando tomaram a decisão de segui-lo não imaginavam os problemas que atravessariam.

Quando Pedro, André, Tiago e João pescavam no mar da Galileia, a vida era mais tranquila e protegida. Os perigos do mar e a escassez de peixes não geravam tanta ansiedade como seguir o Mestre dos Mestres. Segui-lo era percorrer um caminho imprevisível e por vezes perigoso. Teriam de conquistar estabilidade emocional no instável terreno social.

Jesus não tinha medo de falar o que pensava ainda que corresse risco de ser considerado um agitador político e de ter sua vida ceifada. Em muitas ocasiões, apesar de ser recomendável que fosse discreto, era capaz de se levantar e deixar todos atônitos com suas palavras. Até quando foi preso, suas palavras ditas com brandura incitaram a ira dos religiosos e políticos romanos (Mateus 26:63).

Cada situação tensa era uma lição para que os discípulos aprendessem a se autoconhecer, a entrar em contato com sua imaturidade, suas fobias, fragilidades e segundas intenções. Nos dois primeiros anos, não entendiam direito a quem seguiam, pois Jesus não fazia propaganda de si mesmo nem declarava seu projeto de maneira clara.

Não compreendiam por que, num determinado período, ele era aplaudido, em outro, perseguido; num momento, exaltado, em outro, humilhado. Não percebiam que o Mestre dos Mestres os tinha matriculado na mais complexa escola: a escola da existência. Nela, pouco a pouco entenderam que viver é se estressar, relacionar-se é passar por uma ansiedade inevitável. Entenderam ainda que numa sociedade hipócrita quem quer ser fiel à própria consciência terá problemas pela frente.

Descobriram, assim, que a vida real não é uma trajetória desprovida de agitação. Se quisessem viver uma história tranquila e rotineira, deveriam seguir outra pessoa. Apesar de todas as dificuldades, eles permaneceram, pois amavam o Mestre. O amor compromete, nos tira do conforto da alienação e nos coloca no epicentro dos problemas.

Momentos antes de ser preso, Jesus chamou os discípulos em particular e disse-lhes claramente que eles passariam por várias provações. Acrescentou que isso era necessário, mas que eles não deveriam se perturbar, pois "eu venci o mundo" (João 16:33). Ao dizer isso, queria expressar que superara com serenidade as crises, as injustiças, as contradições, os problemas e as dificuldades produzidos pelo sistema.

É estranho e ao mesmo tempo belo perceber que, apesar de ter declarado que era filho do Autor da existência, ao invés de usufruir as benesses de um rei, Jesus fez questão de viver a vida humana sujeita a vales e montanhas, bonanças e tormentas, conforto e aflições.

Demonstrou para a humanidade que a existência é imprevisível, por mais precauções que se tome, e indicou que os que querem alcançar a segurança devem aprender a tecê-la lentamente em sua psique. Pois a segurança não é produzida por milagres, passes de mágica ou processos instantâneos.

Demonstrou que, sem a segurança tecida nos recônditos da personalidade, as perdas e decepções se tornam insuportáveis. Mas, com a segurança, transformam-se em combustíveis que alimentam a lucidez. Revelou que sem segurança os fracassos e falhas geram autopunição, mas com ela criam solidariedade e afeto.

Quem pode dispensar a segurança nos momentos de injustiças? Raramente alguém foi tão injustiçado e incompreendido como Jesus. Mas, apesar disso, reafirmou com indecifrável dignidade que com segurança as injustiças geram compaixão, e as incompreensões, sabedoria.

Com segurança, as novas experiências se tornam um desafio que excita a emoção, mas sem ela são fantasmas que aterrorizam e paralisam. Com segurança, o desconhecido rompe o cárcere do tédio e anima a inteligência, mas sem ela é uma fonte de ameaças.

Capítulo 6

O nutriente do prazer de viver: o encanto pela vida

O mundo ilógico e complexo da emoção

A emoção é a área mais singela, mais ingênua, mais complexa e mais bela da psique. Sem emoção, somos coerentes; com ela, somos algumas vezes contraditórios. Sem emoção, somos lógicos; com ela, distorcemos a realidade.

Sem emoção, somos saciados; com ela, nos tornamos incansáveis sedentos. Sem emoção, uma forte discriminação não nos causa impactos; com ela, um breve olhar que nos rejeita pode ser inesquecível. Sem emoção, um grande elogio não nos excita; com ela, um pequeno beijo causa arrepios.

Sem emoção, as falhas não geram angústias; com ela, se produz um insondável sentimento de culpa que, se for sereno, nos faz rever caminhos, mas, se for intenso, paralisa a psique. Sem emoção, ser ético pouco importa; com ela, as consequências dos nossos comportamentos geram sofrimentos. Sem emoção, a dor dos outros está infinitamente distante; com ela, a não ser que sejamos psicopatas, está tão próxima que perturba nossa personalidade.

Sem emoção, estamos livres do mau humor; com ela, podemos ser vítimas dele, mas também ter o privilégio de experimentar a plenitude do prazer. Sem emoção, a rotina não incomoda; com ela, a mesmice pode ser insuportável. Sem emoção, não há sonhos nem inspiração; com ela, construímos projetos de vida, desejamos ser o que não somos e conquistar o que não temos.

Sem emoção, somos previsíveis; com ela, somos surpreendentes. Sem emoção, a presença ou ausência das pessoas é indiferente, com ela, somos arrastados pelas chamas do amor, pela necessidade inexplicável de cruzar nossas histórias. Sem emoção, somos chatos, aborrecíveis, maçantes; com ela, podemos ser mais chatos ainda, mas podemos também ser agradáveis, líricos, poéticos, interessantes.

A emoção faz toda a diferença no teatro psíquico. Ela gera a aventura, o encanto, o romantismo, a ansiedade, o desespero, as fobias, o humor depressivo. Analisei durante anos a fio o território da emoção e concluí que, por um lado, ela coexiste com o cérebro e, portanto, é influenciada pela sinfonia do metabolismo cerebral. Mas, por outro, ela é um campo de energia psíquica tão complexa que ultrapassa os limites da linearidade lógica do mundo físico-químico.

O *Homo sapiens* é muito mais do que um computador bioquímico. O universo da emoção é muito mais do que o resultado da "dança" de neurotransmissores.

A emoção é um terreno insondável, efervescente, que está em contínuo processo de transformação. Ela faz de cada ser humano uma caixa de surpresas. Não é plenamente compreensível para o próprio *Homo sapiens* e por quem se aventura a interpretá-la, ainda que seja o mais hábil psiquiatra ou psicólogo clínico.

Eternos insaciáveis

O *Homo sapiens* produz ciência, filosofia, música, literatura, escultura, esportes, religião, como tentativa de irrigar sua insaciável emoção com o mais básico e mais importante nutriente psíquico: o fenômeno do prazer. Freud acertou em cheio ao discorrer sobre o princípio do prazer. Ele agita as crianças, deixa aflitos os adolescentes, inquieta os adultos e anima os idosos.

O Mestre dos Mestres, dezenove séculos antes de Freud, também tocou solenemente no princípio do prazer. Para ele, o prazer deveria fazer parte da dieta psíquica diária de cada ser humano, do despertar ao deitar.

O pão nosso de cada dia tem grande significado psicológico ao representar o pão do prazer. Da mesma forma como precisamos nutrir nossas células, também precisamos experimentar as mais diversas formas de prazer diário, como amor, alegria, satisfação, contentamento, júbilo, êxtase, exultação, ainda que atravessemos turbulências, dificuldades, incompreensões, tristezas.

Podemos passar por períodos de depressão, ansiedade e tensão, mas essas experiências emocionais deveriam ser exceções existenciais e não a regra. O pão do prazer deveria ser a norma fundamental. Para isso, deveríamos ter um eu treinado durante o processo educacional – na família e na escola – para procurar e elaborar os melhores e mais duradouros prazeres, como o sedento procura água no deserto e o padeiro sova e assa seu melhor pão.

Parece uma loucura: somos treinados a dirigir carros, operar computadores, administrar empresas, mas não a gerir nossa psique. É quase impossível não adoecer ante tal distorção.

O trabalho não deveria ser maçante, as relações sociais não deveriam ser pautadas por angústias, a rotina diária não deveria ser entediante, mas regada de satisfação. A dor, o caos e as perdas podem e devem servir como uma oportunidade preciosa para crescermos, amadurecermos e expandirmos nossa sabedoria, mas o prazer deveria ser parte fundamental do processo existencial.

Como anda seu processo existencial? É fundamental verificar se você está empurrando a vida ou experimentando-a com deslumbramento. Muitos simplesmente tocam em frente, sem fascínio pela vida.

São vítimas de uma sociedade consumista que massifica, que gera servos e não pensadores.

Deveríamos fazer tudo com muita, muita paixão. Se um lixeiro recolhe o lixo com paixão, consciente do serviço que está prestando à comunidade, ele tem mais dignidade do que um grande executivo que dirige sua empresa como se fosse uma máquina de calcular. Se um faxineiro limpa os corredores de um hospital com prazer, ele vale mais como ser humano do que um famoso médico que atende seus pacientes com frieza.

Deveríamos estudar, pesquisar, trabalhar, escrever, relacionar-nos com prazer. Quando a angústia vira regra e o tédio vira norma, algo está profundamente errado. Perdemos nossa essência.

A filosofia do prazer do Mestre dos Mestres

Algumas vezes Jesus chorou, mas em grande parte da sua vida se alegrou. Algumas vezes vivenciou angústias, mas na maior parte do tempo bebeu da fonte mais excelente da satisfação. Foi tão realizado e alegre que deixou perplexo seus ouvintes ao dizer que quem dele se aproximasse beberia de um rio de águas de prazer (João 4:7).

Suas palavras abalam até hoje a psicologia e a filosofia. Que homem é esse que foi perseguido, ferido, rejeitado, que tinha todos os motivos para reclamar da vida, mas declarava poeticamente seu amor por ela? Que homem é esse que afirmava ser o mais feliz dos habitantes da Terra, embora não tivesse dinheiro, segurança social e nem sequer lugar para dormir? (Mateus 8:20).

Aos brados ele abismava as pessoas dizendo *"eu sou o pão da vida, quem de mim comer jamais terá fome"*. Nunca ninguém falou como ele na filosofia grega, chinesa, francesa, alemã. Jesus defendia a tese de que o ser humano tem uma fome psíquica que o estimula, consciente ou inconscientemente, a uma eterna busca de alguma coisa ou de um objetivo, uma busca por vezes indefinível.

Muitos estão insatisfeitos, com a sensação de que lhes falta algo que não sabem definir. Às vezes estão no topo da fama, no ápice do sucesso financeiro ou acadêmico, mas sentem-se incompletos.

Jesus é o homem mais famoso da história, mas o menos conhecido em sua psique. Ele perturba os fundamentos filosóficos e teológicos que foram construídos sobre ele ao longo dos séculos.

Ao invés de proclamar sacrifícios na oração do Pai-Nosso, ele proclamou o júbilo. Ao invés de tecer críticas sobre as falhas humanas, instigou-nos a beber do prazer diário, contínuo, elaborado. Que homem é esse que, ao invés de pregar os fundamentos de uma religião e regras de conduta, discursava sobre a satisfação e o prazer?

Como não ficar atônito com a proposta existencial do Pai-Nosso? Muitos discípulos, bem como religiosos de sua época, ficaram escandalizados com suas ideias. Até hoje os cristãos vivem de um modo diferente do proposto por Jesus. Ele era cristalino e ousadíssimo. Falou o que nenhum filósofo ou pensador da psiquiatria jamais teve a ousadia de pronunciar: que sua vida era repleta de prazer.

Não discursava como alguém que, num surto psicótico, proclama ser poderoso e excelso. Dizia que era um pequeno grão de trigo que semeava uma vida inesgotável. Afirmava que era uma suave fonte de água que produzia um rio de satisfação. Não delirava como os imperadores romanos que queriam exaltar sua falsa divindade, mas dizia que era capaz de elaborar um nutriente psíquico singelo como um pequeno pão, porém necessário para saciar a angústia humana.

Enquanto eu analisava o homem Jesus, a constatação desses paradoxos me perturbava. Como crítico da psicologia, tentei considerá-lo como mais um personagem fictício ou com ideias sem grande alcance. Não consegui. Fiquei convicto de que ele não cabe em qualquer manual religioso ou filosófico.

Muitos ateus gostam de negar os milagres de Jesus, dizendo que são fruto de um delírio coletivo. Muitos religiosos gostam de discorrer sobre a grandeza de Jesus, afirmando que ele tinha um poder incomum. Todos eles concentram a atenção nos grandes eventos que envolvem o Mestre sem se darem conta de que suas palavras aparentemente mais simples foram as mais bombásticas.

Jesus tocou no epicentro da psique humana. Seu sonho era saciá-la, produzir um novo ser humano sereno, afetivo, sábio, justo e saturado de prazer. Ele mostrou uma tranquila satisfação na terra do estresse. Foi extremamente saudável emocionalmente, quando não tinha quase nada exteriormente.

A doce e complicada emoção

Por que os multimilionários estão em busca de mais dinheiro? Para serem os mais ricos em uma existência tão efêmera? Por que uma pessoa solitária clama sem voz por um momento de afeto e compreensão? Por que um bebê coloca um objeto na boca, os jovens batem o coração excitado diante de suas namoradas, um cientista tem taquicardia quando faz uma nova descoberta? Todos estão procurando saciar sua emoção.

Quanto mais se expande a cultura, a consciência crítica, a capacidade de interiorização, o autoconhecimento e os projetos de vida, mais se modifica a dieta intelecto-emocional. Mas, independentemente dessas mudanças, todos temos uma ansiedade vital e ávida por prazer.

A tentativa de fuga de um paciente psicótico das suas alucinações, o desejo de um psicopata de dominar seu país e o contentamento de um pai ao ouvir seu filho pronunciar as primeiras palavras são muito distintos em qualidade, mas provêm da mesma fonte.

Sem emoção não haveria frustrações, traições, suicídios, mas somente com ela somos seres humanos. Sem emoção, teríamos uma vida sem complicações; com ela, tudo é mais difícil, mas, ao mesmo tempo, gostoso, excitante, agradável.

Sem emoção, viveríamos ilhados. Casais se separam, prometendo que jamais se envolverão em outro relacionamento devido aos traumas da relação anterior. Mas o tempo passa, a dor se alivia e, quando menos se espera, um jato de ansiedade os impele a uma nova jornada afetiva.

Casais se submetem a exames estressantes para ter filhos. Sabem que terão noites de insônia, trabalharão mais para educá-los, perderão sua liberdade, mas nada consegue conter essa necessidade quando ela instiga a psique.

Garotos e garotas na flor da juventude, em plena explosão hormonal, deixam a liberdade de lado, afastam-se dos amigos e mudam sua rotina por causa de um namoro. Escritores investem energia para escrever seus livros sem saber se serão um dia publicados. Pesquisadores gastam grande parte de sua vida investigando "no escuro" sem saber se farão novas descobertas ou se serão reconhecidos. Quem pode entender o fenômeno humano? Quem contém seu ímpeto?

Se você deseja ser excessivamente racional, desista. Em algum momento entrará em contradição. Se almeja ser extremamente cartesiano, matemático, desista. Em algum momento sua emoção o trairá. E, se conseguir ser racional e estritamente lógico, a vida perderá o sabor, o tempero. Estará apto para ser um alienígena, não um ser humano.

Somos deliciosamente ilógicos. Nossos gostos, expectativas, sensibilidades, preferências, disposições mudam com o tempo. Sofremos menores ou maiores transformações a cada momento existencial.

Uma sociedade de autoabandonados

Uns querem morar no campo, como eu; outros desejam morar nos grandes centros. Uns escalam a sua mente para filosofar sobre a vida; outros escalam montanhas para viver aventuras. Uns se encantam com a defesa de uma tese acadêmica; outros, com a brisa que afaga o rosto. Uns preferem a sinfonia do silêncio, como eu; outros, a agitação social, como minhas filhas.

Uns preferem o anonimato, como eu; outros, o estrelato. Uns se fecham em laboratórios em busca do invisível; outros amam os shoppings, em busca do colorido. Uns são céticos, outros procuram desesperadamente os mistérios de Deus. Uns amam percorrer o mundo através de uma boa leitura, outros adoram viajar em todos os meios de transporte.

Uns amam museus, outros preferem a modernidade. Uns se enclausuram para fins místicos, outros procuram o ribombar dos recitais. Uns têm receio de lidar com riscos, outros não conseguem viver sem desafios. Somos muito diferentes na ponta do iceberg da psique, onde se encontram a cultura, a educação, a visão da vida, a autocrítica. Mas na imensa base somos iguais.

As imagens de uma tela de pintura, de uma flor, de um edifício, de uma montanha ou os estímulos gerados por um elogio, uma tese acadêmica, uma festa, um beijo, quando eficientes, produzem a mesma transformação da energia emocional, embora as emoções sejam sentidas em níveis e com paladares diferentes.

Há contrastes gritantes no conteúdo das ideias – entre o balbucio de um bebê e o pensamento filosófico de um mestre, por exemplo –, mas o resultado emocional para uma mãe que ouve seu bebê ou para os discípulos que ouvem seu mestre é mais próximo do que se imagina quando a emoção é excitada no mesmo nível.

Produzimos pensamentos e imagens mentais através dos mesmos fenômenos que em milésimos de segundo leem a memória. Temos a mesma fome de satisfação, sede de contentamento, gana por entusiasmo. Todos buscamos o prazer de viver impelidos por milhares de estímulos e situações.

Por isso, na essência psíquica, não existem europeus, americanos, japoneses, chineses ou russos, nem cristãos, islamitas ou budistas. Somos seres humanos que têm necessidades muito semelhantes de nutrientes psíquicos, como diálogo, autodiálogo, segurança, prazer, tranquilidade. Fazemos disputas e nos odiamos como se fôssemos inimigos mortais. Não sabemos que somos inimigos de nós mesmos.

Não percebemos que as sociedades modernas, com raras exceções, se tornaram sociedades de autoabandonados, de pessoas especialistas em trabalhar, realizar tarefas, defender seus ideais, mas não de especialistas em investir nos amplos aspectos de sua qualidade de vida.

Os que se autoabandonam viajam às vezes para muitos lugares distantes, mas não para os recônditos do seu ser. Conhecem computadores, empresas, tecnologias, mas não conhecem a si mesmos. Raramente desenvolvem um autodiálogo que os leve a questionar-se, refletir, proteger sua emoção, administrar seus pensamentos e irrigar sua emoção com prazer.

Os ricos no território da emoção

Muitos se preocupam com vitaminas, proteínas, carboidratos, com os alimentos que ingerem, mas não aprendem a elaborar seus nutrientes emocionais. Apesar de ter discorrido em outros livros sobre a arte da contemplação do belo, vale a pena enfatizar que os mais intensos prazeres não se encontram nos grandes eventos sociais, como festas ou premiações, mas nos pequenos acontecimentos da rotina diária.

Embora tenha grande apreço pelo conhecimento psicológico e filosófico, estou convicto de que os grandes prazeres da existência não se encontram nas complexas ideias sobre o funcionamento da mente nem nas teses existenciais. Muitos pensadores se angustiam, pois, ao gravitar na órbita dessas ideias, deixam de se nutrir com as coisas simples e anônimas do mundo concreto.

Uma das conclusões mais tristes a que cheguei em minha trajetória de pesquisa, como já comentei em outros livros, é que esperávamos ter a geração mais feliz, satisfeita e completa que a humanidade já produziu, pois construímos uma sofisticadíssima indústria de entretenimento, com poder de incendiar a emoção de qualquer mortal.

Mas, paradoxalmente, estamos diante da geração mais insatisfeita, emocionalmente superficial e propensa aos mais variados transtornos psíquicos. Uma geração que não sabe lavrar o território da emoção. Uma geração que se psicoadaptou inconscientemente ao bombardeio de estímulos gerados pela competitividade, pela televisão, pelo cinema, pelo esporte, pela internet, pelo mundo fashion. Uma geração que reduziu sua sensibilidade e perdeu a capacidade de ficar deslumbrada com a existência.

O aumento do número de transtornos psíquicos nas sociedades desenvolvidas é um dos sintomas de que nos tornamos uma casta de famintos.

Apesar de o consumo de drogas, inclusive o alcoolismo, poder destruir famílias, trabalhos, prestígio social, os níveis de insatisfação das pessoas são tão grandes que lhes abortam a consciência crítica. Muitas usam bebidas alcoólicas para eliminar a angústia, para resolver um buraco emocional sem fim.

L. M. é um brilhante executivo. Dirige uma empresa com mais de dois mil funcionários. Viaja cinco vezes por ano para diversos países, fica nos melhores hotéis, tem acesso aos espetáculos que deseja. Depois que assumiu a direção da empresa, ela voltou a dar polpudos lucros. Todos os anos ele recebe uma gratificação em ações pelos resultados.

Vive cercado de luxo e segurança e é um dos líderes empresariais mais invejados da sua geração. Tem tudo para ser uma pessoa feliz e realizada, mas sua irritabilidade, seu vazio emocional e inquietação são sinais de que vive constantemente insatisfeito.

L. M. é de origem simples, seus pais não tinham grandes recursos, ele fez a faculdade com sacrifício e batalhou muitíssimo para chegar aonde chegou. Mas perdeu a motivação e o encantamento por suas conquistas. Sua emoção ficou viciada em grandes eventos, e ele só consegue sentir-se vivo se tem grandes desafios a superar. Para não cair numa vida depressiva ou se tornar um eterno entediado, L. M. terá que reeducar sua emoção diariamente. Só assim poderá desfrutar dos acontecimentos da vida. Caso contrário, será vítima do próprio sucesso, um servo do sistema social, e não uma pessoa verdadeiramente livre.

O "pulmão da emoção" de qualquer ser humano clama pelo oxigênio do prazer. Mas, com o passar do tempo, o "ar psíquico" pode ficar muito rarefeito e a emoção se contrair com os anos. Por isso, a depressão atinge mais os idosos do que os adultos jovens, mais os adultos do que os adolescentes, e em último lugar as crianças. No entanto, o aumento da frequência da depressão na infância começa a preocupar.

Sua emoção é estéril ou intensamente produtiva e vibrante? Você contempla o belo ou apenas o admira? Admirar é sentir superficialmente, contemplar é sentir profundamente. Admirar é observar rapidamente, contemplar é observar com atenção e êxtase.

Para a psicologia e a filosofia, as pessoas mais ricas da sociedade não são as que presidem grandes empresas, têm um número elevado de ações nas bolsas de valores ou estão nas listas dos multimilionários. São aquelas que conseguem ter tempo para relaxar, encontrar os amigos, sonhar, amar, cultivar uma planta. As capazes de fazer do perfume de uma flor, do beijo de um filho, do diálogo com os pais, do sorriso de uma criança um momento mágico, uma experiência sublime.

Quem faz pouco do muito, ainda que tenha bilhões de dólares, será sempre um miserável que viverá migalhas de prazer nessa brevíssima e complexa existência. Fará parte da imensa lista dos esfomeados que povoam o tecido das sociedades modernas.

Capítulo 7

O nutriente da tranquilidade: a saúde mental

A tranquilidade é o terreno fértil para o prazer de viver

O prazer nasce em muitos terrenos, especialmente no da tranquilidade. Uma pessoa tranquila tem prazeres mais prolongados, refinados e profundos. Os prazeres da pessoa ansiosa são fugazes. Uma pessoa tranquila extrai diamante da rotina existencial, uma pessoa ansiosa só remove cascalhos.

Uma pessoa tranquila é estável, uma pessoa intranquila oscila o tempo todo, como as águas do mar. Uma pessoa tranquila consegue transitar com serenidade nos vales das ofensas, uma pessoa ansiosa é invadida e tem a harmonia roubada por qualquer estímulo estressante.

Uma pessoa tranquila é forte, mesmo que pareça frágil; uma pessoa irritada é frágil, embora pareça forte. Uma pessoa tranquila se obriga a pensar antes de reagir, uma pessoa ansiosa reage antes de pensar, não leva desaforo para casa, mas leva mau humor e irritabilidade.

Ser tranquilo é ter um eu capaz de dirigir o próprio psiquismo, um eu que consegue manter serenidade nas tempestades, sobriedade nas situações irracionais, afabilidade nos períodos hostis, equilíbrio em tempos de disputas. Quem consegue ser tranquilo nas sociedades modernas, que se tornaram fábricas de pessoas ansiosas?

Nutrir-se de tranquilidade é fundamental para a saúde psíquica. Ser tranquilo é desenvolver atividades com brandura, dar cada passo ao seu tempo, fazer uma coisa de cada vez, saber esperar. É ter habilidade para não se estressar diante das contrariedades e para diminuir a temperatura da emoção diante das dificuldades. É viver sem atropelos e sem desespero.

Ser tranquilo não é viver socialmente alienado, mas inteirar-se dos problemas sem ser escravo deles. Ser tranquilo é ter um eu consciente da brevidade da existência, do quanto ela é preciosa e de como é importante preservá-la de nossas preocupações e temores.

Uma pessoa tranquila vive intensamente, pois usufrui em profundidade cada momento existencial. Uma pessoa ansiosa vive no atropelo, experimenta e consome tudo rapidamente. As pessoas tranquilas vivem muito mais durante a mesma quantidade de tempo.

Examine sua experiência. Se tem a sensação de que o relógio do tempo voou rapidíssimo, é bom rever seus níveis de tranquilidade. Pois ser tranquilo é desfrutar da ansiedade saudável que nos motiva e não da ansiedade doentia que nos paralisa.

Ser tranquilo é ser amigo da paciência e amante da tolerância. É fazer o que é possível, tendo sabedoria para aceitar o impossível. É tomar decisões, assumindo as perdas que cada escolha envolve. É saborear conscientemente cada alimento, em vez de engolir a comida.

É estimular os alunos, motivar os filhos, incentivar os colegas de trabalho, mas jamais exigir o que eles não podem dar. É aceitar o ritmo dos outros e não cometer o erro de pressioná-los a seguir o nosso, de pensar como pensamos, de reagir como reagimos. Quem pressiona e exige muito dos outros se torna especialista em formar pessoas ansiosas e desprovidas de autoestima.

Ser tranquilo é abraçar quem está tenso, encorajar quem foi derrotado, apostar em quem não acredita mais em si. Não é ser sempre calmo, correto, previsível. Não é ser livre de estresse, imune ao desânimo, isento de contradições. A pessoa tranquila treina para pedir desculpas quando necessário, refazer caminhos quando preciso, usar o silêncio em situações irracionais, ter serenidade nos momentos de crise.

Sem tranquilidade somos asfixiados pelo excesso de atividades; com ela, administramos o tempo. Sem tranquilidade os problemas se transformam em monstros; com ela, em nutrientes para o crescimento.

Ser tranquilo é olhar por vários ângulos as intempéries da vida. Ser tranquilo é pensar no futuro para traçar estratégias, ser ansioso é pensar no futuro para afundar na lama das apreensões.

O mestre da tranquilidade num mundo tenso

O Mestre dos Mestres queria que o ser humano ingerisse diariamente não apenas o pão do prazer, mas também o pão da tranquilidade. Ele se expunha a riscos sociais e a vexames públicos para que seus discípulos aprendessem a encontrar a fonte de tranquilidade numa sociedade tensa. Fazia isso para que seus seguidores não vendessem sua paz interior em função da opinião dos outros e do julgamento social preconceituoso. A paz é cara demais para ser colocada à venda. São muitas as pessoas que destroem sua tranquilidade em função da opinião dos outros.

Jesus expunha abertamente suas ideias em lugares onde era socialmente rejeitado, para que seus discípulos aprendessem que a tranquilidade também nasce no terreno do estresse e só é conquistada pelos que são fiéis ao que pensam.

O amanhã estava sempre presente. Ele previu pelo menos quatro vezes que morreria mutilado e crucificado. Seria socialmente escorraçado, rejeitado, açoitado, considerado o maior herético de todos os tempos, o maior impostor da história. Mas não deixava o futuro roubar sua tranquilidade.

Raramente alguém sobreviveria sem grandes traumas psíquicos se vivesse 10% dos estímulos estressantes que ele suportou. Mas jamais se viu alguém tão calmo e paciente, alguém com calma suficiente para dizer com segurança e ousadia para uma plateia extasiada: "*Aprendei de mim, pois sou tranquilo e humilde*" (Mateus 11:22).

Sua mansidão perturbava os ânimos dos agitados. Apesar de passar pelos vales das contrariedades e da discriminação, poucas vezes perdeu a paciência. Não a perdeu com pessoas, mas com fatos, com o sistema hipócrita, com a máscara com que certos líderes religiosos se disfarçavam.

Foi tão sereno que, mesmo prevendo sua prisão e morte iminentes, ceou com prazer com seus discípulos e deu-lhes durante a ceia notáveis lições de vida sobre o relacionamento humano e o trabalho em equipe.

Para ensinar tais lições, debruçou-se e lavou os pés daqueles homens intolerantes e competitivos, procurando levá-los a reeditar o filme do inconsciente e a superar a necessidade neurótica de estar acima dos outros. Só um mestre profundamente conhecedor da tranquilidade teria capacidade para, às portas da morte, fazer tal gesto.

A ansiedade vital

Durante o desenvolvimento da teoria da Psicologia Multifocal, estudei muito a "teoria do caos" aplicada aos processos da construção psíquica. Cada pensamento dura alguns segundos ou, no máximo, poucos minutos. As emoções estendem-se mais no tempo, embora algumas sejam tão fugazes quanto os pensamentos. Nas pessoas impulsivas, as emoções são fugazes: num momento, tranquilas; em outro, tensas.

Cada pensamento produzido, seja ele complexo ou simplista, experimenta o caos, se desorganiza e se organiza, construindo novos pensamentos. O mesmo ocorre com a produção das ideias, das imagens mentais e das fantasias.

Nenhuma pessoa consegue congelar um pensamento único em sua psique porque ninguém consegue fugir do caos. Tudo que se organiza no mundo psíquico se desorganiza inevitavelmente para voltar a se reorganizar. Esse é um postulado fundamental da mente humana.

O *Homo sapiens* produz milhares de pensamentos e imagens mentais num encadeamento contínuo.

Ninguém também consegue controlar as emoções em sua psique. Devemos treinar nossa emoção para poder experimentar, na maior parte do tempo, sentimentos enriquecedores, mas é impossível evitar determinados níveis de angústia, irritação, inquietação.

É simplesmente impossível congelar o prazer, a tranquilidade e a segurança no território da emoção, pois é impossível evitar o caos dessas experiências. Sua alegria vai embora; sua tristeza, também. Elas jamais ficarão para sempre, mas poderão retornar num curto intervalo de tempo.

Não se preocupe quando ninguém o compreender e quando todos o rejeitarem, pois a angústia acabará indo embora. Tenha paciência para esperar que ela se dissipe. Se muitos que tiraram as próprias vidas tivessem esperado mais alguns dias ou meses, ficariam assombrados ao se darem conta do desaparecimento de suas decepções, sentimentos de culpa, angústias.

O sofrimento psíquico só não se dissipa mais rápido quando se torna uma doença, sobretudo quando o retroalimentamos com pensamentos mórbidos e pessimistas. Alimentar a própria dor é tornar-se seu pior inimigo.

Por que, embora haja exceções, as experiências psíquicas se renovam sempre? Porque o caos da energia psíquica gera uma dinâmica que a desorganiza, produzindo uma ansiedade extremamente saudável, que chamo de *ansiedade vital*. Já falei sobre ela neste livro sem dar-lhe esse nome.

A ansiedade vital estimula a criatividade, a inventividade, a procura, a curiosidade, o desejo explorador. Algumas pessoas têm uma ansiedade vital mais intensa do que outras, e por isso criam, procuram e exploram mais. A influência genética e educacional é marcante na produção dessa ansiedade positiva.

Muitos desejam ter uma emoção equilibrada como uma lagoa plácida, sem ondas, sem alterações, mas não entendem que, se tivéssemos tal emoção, seríamos improdutivos. A ansiedade vital agita as águas da emoção e se torna mola propulsora inconsciente que nos estimula a construir novas emoções, ideias, fantasias e pensamentos como tentativa de aliviá-la.

O nível de seu conformismo ou insatisfação depende dos níveis de sua ansiedade vital. Deixe-me falar sobre dois tipos extremos de pessoas. As que têm baixo nível de ansiedade vital tendem a ser conformistas; as que têm alto nível, a ser insatisfeitas.

Os conformistas têm propensão a se adaptar a tudo, os insatisfeitos, a ter grande dificuldade de adaptação. Os conformistas tendem a ser disciplinados; os insatisfeitos, a ser desorganizados. Os conformistas tendem a repetir informações e obedecer ordens; os insatisfeitos, a romper normas e criar ideias. Quem é saudável? O ideal é ter a disciplina dos conformistas e a criatividade dos insatisfeitos. Os conformistas são tranquilos? Sim, mas sua tranquilidade não é fruto de maturidade, mas resultado de uma conquista interior.

A explosão criativa do Homo sapiens

Diariamente você e eu tentamos aliviar a ansiedade vital através de tudo o que fazemos. Os psicopatas tentam aliviá-la com suas loucuras; as pessoas sensíveis, com suas poesias, pinturas e escritos. As pessoas pragmáticas, com suas realizações; os sábios, com suas ideias; as crianças, com sua curiosidade.

Talvez pareça difícil para muitos leitores compreender esse processo, mas gostaria que fizessem um esforço para guardar o seguinte conceito: 1º) o caos psíquico gera a ansiedade vital; 2º) a ansiedade vital estimula a leitura multifocal da memória; 3º) a leitura da memória ativa a produção de pensamentos e emoções; 4º) os pensamentos e emoções, por sua vez, experimentam novamente o caos, reiniciando o processo e fechando, assim, o mais complexo ciclo. Que ciclo é esse?

O ciclo da explosão criativa do *Homo sapiens*, capaz de animá-lo, motivá-lo, fazê-lo sonhar, resgatar o passado, correr riscos no presente, construir relações. Diante desse ciclo não há famosos e anônimos, psiquiatras e pacientes, pois todos somos seres humanos complexos. Pensamos e destruímos os pensamentos para pensar de novo. É um processo sem fim.

É inútil tentar barrar esse processo. Você não conseguirá interrompê-lo. É impossível fazer cessar o movimento psíquico. No máximo, conseguimos desacelerar o ritmo de construção psíquica, não eliminá-la.

Durante os anos em que pesquisava e produzia conhecimento sobre esse processo percebi que os pensamentos podem entrar num ciclo construtivo perigoso. Foi então que descobri a SPA, a síndrome do pensamento acelerado. Entendi que a ansiedade vital pode ser hiperestimulada pela TV, internet, moda, competitividade profissional e informações escolares, gerando uma hiperprodução de pensamentos e imagens mentais.

Essa hiperprodução não apenas pode destruir a tranquilidade, mas, como já comentei em outros livros, é capaz de levar a um intenso desgaste do córtex cerebral, produzindo uma intensa fadiga, esquecimento, bloqueio da criatividade, impulsividade, irritabilidade e uma série de sintomas psicossomáticos. A ansiedade é "vital", mas não podemos estimulá-la excessivamente. Infelizmente, crianças e adultos em todas as sociedades abastadas a excitam demasiadamente sem perceber.

Psicólogos, professores, pedagogos e pais no mundo todo se perguntam: por que nossas crianças carecem de tranquilidade, concentração e prazer de aprender? Não entendem que é porque mexemos perigosamente nos níveis de sua ansiedade vital.

Nossas crianças se tornaram uma plateia de pessoas agitadas. É a geração mais irrequieta e ansiosa que o planeta já conheceu. Mas tanto elas quanto a maioria dos pais não têm culpa. Os pais também estão perdidos. Quem é o culpado? O sistema. Somos nós adultos que o construímos e o alimentamos.

Uma sábia minoria

D. T. era um excelente professor de neurologia. Conseguia dissertar com maestria sobre o cérebro humano e suas doenças, mas, quando contrariado, reagia irritado. Certa vez, abandonou na sala de consultas um paciente que sofria de fortes dores de cabeça só porque este sugeriu que lhe fosse feito um eletroencefalograma.

D. T. não admitia que qualquer aluno de medicina, e muito menos um paciente, o questionasse ou sugerisse um procedimento. Era uma estrela na neurologia, mas opaco emocionalmente. Sabia lidar com doenças, mas não com doentes – com seres humanos. Não sabia administrar sua psique; fomentava sua intranquilidade diante de cada estímulo estressante.

Em algumas de minhas conferências, vejo quase todas as mãos

levantadas quando pergunto: "Quem gostaria de ser uma pessoa equilibrada?" Os seres humanos anseiam por equilíbrio. Mas eu digo: "Desistam! Jamais conseguirão ser plenamente equilibrados."

Quem é capaz de não se intimidar, de não se sentir fragilizado, de não ter reações ilógicas e atitudes desproporcionais diante de determinadas situações? A tranquilidade requer que sejamos dosados, pacientes, serenos e façamos uma coisa de cada vez. Mas *ninguém* consegue escapar do calor da ansiedade vital. Vale a pena repetir: ser tranquilo não significa ser plenamente equilibrado. Se você encontrar alguém continuamente estável, sem nenhum traço de mudança, pode ter certeza de que essa pessoa está morta.

Exigir equilíbrio psíquico pleno de um ser humano é uma crueldade sem igual, pois é exigir o impossível. A pessoa mais calma terá seus momentos de ansiedade; a mais serena perderá o controle algumas vezes.

O Mestre dos Mestres não tinha tal exigência. Queria que seus discípulos se nutrissem com o pão da tranquilidade, mas, apesar disso, sua flexibilidade era espantosa. Sem ter estudado psicologia, demonstrou que conhecia intimamente o funcionamento da mente.

Certa vez disse: "*Não andeis ansiosos pelo dia de amanhã, basta ao presente o seu próprio mal*" (Mateus 6:34). O pensamento que ele expressou é curto, mas carregado de sabedoria. Não queria eliminar a ansiedade vital, mas dosá-la. Almejava que as pessoas não fossem dominadas por um caminhar ansioso.

Sabia que é impossível ser criativo sem inquietação, que é impraticável ser empreendedor sem passar pelas chamas do estresse. A ansiedade estimulante deve ser mantida, mas a que derrota a curiosidade, a inspiração, a ação exploratória, deve ser superada. Jesus sonhava em gerar pessoas livres e tranquilas diante de um Pai dócil e pacífico, e não pessoas atemorizadas diante de um Deus julgador e castrador.

Uns querem conquistar ansiosamente um corpo dentro dos padrões tirânicos de beleza; outros, um carro último tipo; outros ainda, uma casa na praia, um excelente salário, um curso de pós-graduação. Mas quem está preocupado em investir para conquistar uma emoção livre, relaxada, bem-humorada e tranquila?

Muitos vivem asfixiados pelo estresse e pelas tensões. Não têm ousadia para se repensar, se autocriticar e fazer uma mudança consistente em seu ritmo de vida. Preocupam-se com sua cultura acadêmica, seu saldo financeiro e sua imagem social, mas desprezam seu saldo emocional. Não têm fome e sede de viver dias tranquilos.

Capítulo 8

O nutriente da humildade: abrindo os horizontes da sabedoria

A humildade é o nutriente mais inteligente, fino e penetrante da personalidade humana. Ela alicerça o aprendizado, instiga a inspiração, aguça a intuição, amplia o campo de visão, expande a maneira de ser e reagir.

A humildade está baseada em três grandes pilares: a interiorização, a arte da crítica e a arte da dúvida. A interiorização é o arremesso do ser humano para dentro dele mesmo. Não é possível ser profundo no cenário social se não o formos no teatro psíquico.

A arte da crítica é o princípio da sabedoria na psicologia. Com ela reciclamos conceitos, rompemos paradigmas, destruímos falsas verdades. Por outro lado, a arte da dúvida nos esvazia, recicla, renova. Esses três pilares fazem da humildade a fonte revolucionária capaz de expandir o mundo das ideias e da cultura.

Humildade não é uma característica genética ou instintiva, mas uma qualidade elaborada lenta e sutilmente no processo de formação da personalidade. Ela renova os solos da psique e torna-se o fruto mais excelente da reflexão e da consciência crítica. A humildade não se produz na escola clássica, mas na escola da existência.

Humildade é a capacidade de desapegar-se da necessidade neurótica de estar sempre certo, de reconhecer os próprios erros e de aprender. Os humildes reconhecem seus limites, os orgulhosos se consideram deuses. Os humildes destroem a autossuficiência, os orgulhosos se colocam acima dos outros. Os humildes são eternos aprendizes.

Os humildes despem-se da soberba, os orgulhosos exalam superioridade. Os humildes amam servir, os orgulhosos amam ser servidos. Os humildes têm prazer em fazer os outros sorrir; os orgulhosos só se preocupam com o próprio prazer.

Um nutriente incendiário

O pão da humildade é vulcânico, arrebatador, capaz de abalar a presunção. Ser humilde não é ser passivo, mas compassivo. Não é estreiteza de raciocínio, mas nobreza intelectual que aguça o poder de enxergar o intangível.

Humildade é o esvaziamento de si mesmo para entender o que é aparentemente incompreensível. Muitos que parecem humildes gostam de fazer-se de vítimas, têm pena de si mesmos, sentem-se sem sorte, abandonados, miseráveis. Querem parecer humildes, mas no fundo são orgulhosos.

Ser humilde é ter ambições que promovem a vida, que abrem espaço para a harmonia, que previnem as crises, que abrandam a dor. É desejar o diálogo, a tranquilidade, a serenidade, o prazer de viver, a flexibilidade e a consciência crítica.

Humildade não é pobreza material, mas valorização do *ser* sem desprezar o *ter*. É aceitar o que se possui e lutar pelo que se deseja sem desespero. É usar o dinheiro e a segurança financeira com justiça e sabedoria. Humildade não é pobreza social, mas desprendimento do poder.

As pessoas que se dizem humildes provavelmente não o são. É possível ser financeiramente pobre e ao mesmo tempo infectado pelo vírus do orgulho. É possível andar maltrapilho e ostentar o mais arrogante ar de superioridade. Há pessoas tão humildes que têm orgulho da própria humildade.

As pessoas que dizem não se importar com dinheiro provavelmente nunca o ganharam em abundância. Só alguém muito rico financeiramente pode se desapegar do dinheiro. Não preste tanta atenção nas palavras das pessoas. Conhece-se um ser humano não pelo seu discurso, mas pelos seus atos e comportamentos.

Havia um homem que chamava a atenção de todos os seus colegas de trabalho pela simplicidade, bom humor e disposição de dar o pouco que tinha para ajudar os outros. Era financeiramente pobre, mas possuía uma alegria contagiante. Um dia os ventos mudaram. Esse homem, inesperadamente, recebeu de herança uma pequena fortuna.

Operou-se uma transformação naquele homem simples. Pouco a pouco passou a se isolar socialmente, achando que as pessoas se aproximavam dele por interesse. Sua motivação em ajudar os outros diminuiu, embora tivesse mais possibilidade de fazê-lo. Os fantasmas que, enquanto tinha poucos recursos, dormiam no seu inconsciente despertaram e o dominaram.

Passou a ser uma pessoa ríspida, desconfiada, distante. Perdeu o sorriso espontâneo. Muitos ficam irreconhecíveis depois do sucesso. O monstro do orgulho e da arrogância, dissimulado atrás do manto fino da humildade, aparece. Qualquer pessoa – filósofos, pensadores, líderes espirituais – corre o risco de ser atingido pela soberba. Então quem são as pessoas verdadeiramente humildes? Onde estão elas? Em que camada social? Em que religião? Em que universidade? É importante termos consciência de que todos nós estamos contaminados com o vírus do orgulho. E é bom saber que ele nunca morre. Basta alguém nos criticar, justa ou injustamente, para que ele se manifeste, ainda que por breves momentos.

Certa vez um jornalista que afirmou nunca ter lido qualquer um dos meus vinte livros fez uma matéria injusta, inverídica e distorcida sobre o meu trabalho. Seu objetivo era destruir minha imagem na época em que lancei os livros *O futuro da humanidade e A ditadura da beleza*. No primeiro eu criticava a indústria farmacêutica por usar seu poder para pressionar muitos médicos a prescreverem sem necessidade. No segundo eu denunciava o padrão tirânico de beleza produzido pela mídia e que gera quase cinquenta milhões de pessoas com anorexia nervosa no mundo.

O jornalista também me chamou de inacessível, apesar de ter ouvido de uma das minhas filhas que sou uma pessoa simples, capaz de andar com qualquer tipo de roupa no meio dos outros. Para superar essa infâmia, voltei às minhas origens e recordei que sou um pequeno andarilho que, no traçado da existência, tenta entender um pouco os mistérios que nos cercam. Um caminhante não precisa de reputação.

Para minha surpresa, depois dessa matéria o número dos meus leitores aumentou e o interesse fora do país pelo meu trabalho se multiplicou. Mas essa reportagem injusta foi importante para mim, pois, apesar de eu ter sede de humildade, me fez perceber que o vírus do orgulho também me contamina.

Parafraseando Sócrates: “Eu sei que nada sei, pois tudo o que sei denuncia o quanto não sei e revela minha ignorância." Uma pessoa é humilde não pela consciência do que possui, mas pela consciência do que lhe falta. Uma pessoa é humilde quando tem certeza de que lhe falta humildade. Os humildes sabem que seu orgulho pode estar adormecido, mas não morto.

Um homem que exalava humildade

Humildade não é sinal de fragilidade e de dificuldade de se expressar. Os humildes sabem defender as próprias ideias, são ousados em seus projetos, respeitando os que pensam diferente, e conscientes da brevidade da existência.

Nunca houve quem soubesse vender suas ideias e projetos como Jesus, embora raramente alguém tenha sido tão humilde quanto ele. O Mestre deu belíssimas lições de humildade. Uma das mais encantadoras é que os humildes julgam a si mesmos, e os orgulhosos, os outros. Os humildes reconhecem suas limitações, e os soberbos, as dos outros. Certa vez teve a ousadia de dizer: *"Não julgueis para não serdes julgados"* (Mateus 7:1-2).

Somos especialistas em condenar, ele era um especialista em acolher. Temos a maior facilidade em expor as chagas dos outros; ele, em cobri-las. Mesmo quando todos queriam que ele anunciasse o traidor, Jesus poupou Judas. Somos peritos em rejeitar as insanidades dos outros; ele, em compreendê-las.

Julgar no sentido de avaliar, criticar e contribuir é um ato saudável. Mas julgar no sentido de acusar as pessoas, constrangê-las e inferiorizá-las é doentio.

Uma atitude orgulhosa que frequentemente se reveste de uma aparência de falsa humildade é procurar diminuir os outros para se exaltar, falar da desgraça alheia com o objetivo de exibir a própria superioridade, apontar a miséria para se valorizar. Outra atitude orgulhosa frequentemente utilizada é procurar anular alguém com afirmações curtas e taxativas: "Você não tem jeito", "Você sempre erra", "Você diz sempre a mesma coisa", "Você nunca aprende".

Muitos pais, na ânsia de valorizar seus filhos, tornam-se especialistas em rotulá-los, bloqueando assim sua motivação para descobrir o que realmente desejam. Muitos professores, na ânsia de ajudar alguns alunos, os comparam com outros colegas. Como cada ser humano é único, é preciso procurar conhecê-lo dentro do seu contexto psíquico, social e genético para não destruir sua identidade e autoestima. Comparar pessoas é, quase sempre, um modo orgulhoso de reagir e constranger.

O Mestre dos Mestres individualizava cada ser humano e os respeitava profundamente. Ele, mais do que qualquer pessoa, foi corajoso em destruir o julgamento preconceituoso, os estereótipos e os modelos sociais.

Advertiu que *"com a medida com que medirdes sereis medidos"* (Marcos 4:24). Raramente vi um pensamento que alia tão bem humildade com inteligência. Jesus disse com todas as letras que quem estabelece o rigor do julgamento não é o Deus do Pai-Nosso, o Todo-Poderoso, mas o próprio ser humano.

A medida que uma pessoa usa para medir o comportamento de outra é a mesma que será usada contra ela. A rigidez com que julga os outros será a mesma com que será avaliada.

Nós que atuamos na área da psicologia não podemos discorrer sobre uma vida que transcende a morte, pois a morte entra na esfera da fé, mas podemos dissertar sobre o presente. Quem quer ser tratado com complacência tem que ser, em primeiro lugar, complacente com os outros. Quem busca alcançar tolerância diante dos seus tropeços precisa exercer tolerância com os que falham.

Quem deseja ser compreendido em suas incoerências deve compreender os absurdos cometidos pelos outros. Milhões de cristãos ao longo da história tornaram-se seus próprios algozes, porque foram implacáveis, escravizaram, tolheram direitos. Foram miseráveis, porque é impossível viver dias felizes humilhando os outros.

O exemplo de uma relação doente

Certa vez um casal de namorados rompeu a relação. Conviviam havia anos e planejavam casar-se. Ela era de origem asiática; ele, de origem alemã. A moça era afetuosa, gentil e inteligente. O rapaz era dispersivo, indiferente, acomodado e inseguro.

Ela o supervalorizava, ele só a valorizava quando sentia medo de perdê-la. Era alienado, vivia em função de si mesmo. Não sabia se doar, perceber os próprios sentimentos.

Ela se entregava, o elogiava, investia sua energia para torná-lo seguro e afetuoso. Ele era controlado pela mãe, não tinha humildade para se interiorizar e refletir criticamente sobre seu comportamento egoísta. Não percebia que a namorada estava se despersonalizando. A relação passou da calmaria para o desgaste e do desgaste para os atritos.

Anos depois romperam a relação. Ele saiu como entrou, ela saiu dilacerada. Procurou minha ajuda. Durante o tratamento descobriu que o romantismo, a troca e o prazer tinham acabado havia muito tempo. Os dois tinham entrado num ciclo doentio, como acontece com muitos casais: ela agia como terapeuta dele, e ele, como seu paciente. Perderam o encanto e a espontaneidade. Ela era uma jovem bonita e inteligente, mas tinha cometido um grande erro. Deixara de viver a própria história para viver a do namorado.

No começo do tratamento ela procurava diminuir o namorado para resgatar sua autoestima. Mas eu lhe disse que a melhor forma de se superar não era desvalorizando-o, mas reconhecendo seu próprio valor, descobrindo-se. A jovem finalmente entendeu que, embora tivesse vivido um relacionamento inadequado e doentio, ela o escolhera e o aceitara durante anos. Mostrei-lhe que, embora haja exceções, o algoz só existe quando o nutrimos e que era preciso humildade para reconhecer isso. Ela cobrava do rapaz o que ele não podia dar.

O resultado foi que a energia que ela estava usando para se deprimir começou a ser usada para abrir as janelas da sua mente e para ajudá-la a fazer escolhas mais livres e saudáveis. E a maior delas foi a de se reconstruir, em vez de punir-se ou punir o rapaz.

Perspicaz, ela rompeu seus paradigmas, reciclou sua maneira de ser e deu um salto na sua consciência crítica. Como todas as pessoas que superam seu drama, ficou mais bela, tranquila e segura. A verdadeira autoestima e a autoimagem surgem quando, com humildade e coragem, deixamos de ser vítimas para nos tornarmos protagonistas da nossa própria história. A humildade é fonte de saúde psíquica.

A formação de pensadores: os dois tipos de pensamentos

De que adianta acumular tijolos e cimento se não se sabe como usá-los nas construções? A quantidade de informações define a formação de um técnico, mas não a de um pensador. Grande parte dos engenheiros da atualidade tem mais conhecimento de física e química do que Einstein, Newton e outros gênios da física. Mas por que esses gênios revolucionaram a ciência? Foi pela vasta cultura? Não.

Foi principalmente porque aprenderam a libertar o imaginário e a capacidade de observar multifocalmente os fatos. Einstein disse certa vez que a imaginação é mais importante do que o conhecimento. Sem conhecer psicologia, comentou sobre esse fenômeno psíquico importante que milhares de educadores no mundo desconhecem. E, porque o ignoram, muitos estão formando meros repetidores de dados.

Libertar o imaginário é libertar a intuição criativa, é expandir o pensamento antidialético. Deixe-me explicar melhor, porque acho que vale a pena ensinar isso ao leitor. Há dois tipos de pensamentos conscientes básicos construídos em nossas mentes: o dialético e o antidialético.

O pensamento dialético é gerado por um sistema de códigos, em especial pelos símbolos sonoros da linguagem. Por isso, temos a sensação de que pensamos com uma voz inaudível. No caso das pessoas surdas, o pensamento dialético é formado pelos símbolos dos sinais. Esse pensamento é usado nas relações sociais, na escrita, nas conferências, na transmissão dos conhecimentos em sala de aula. É o pensamento mais lógico, formatado e definido.

O pensamento antidialético é organizado a partir do sistema sensorial, principalmente o visual. Não tem um sistema de código psicolinguístico muito bem definido, por isso é mais livre e aberto. Ele representa o imaginário humano. É utilizado na produção das imagens mentais, das fantasias, inferências, intuições, insights, enfim, em todo o processo imaginativo. É pelo pensamento antidialético que entendemos nossas emoções, mas temos dificuldade de explicá-las, pois essa explicação tem de ser codificada dialeticamente.

Qual é o tipo de pensamento mais usado na educação? O dialético. É ele que é exigido nas provas escolares. Mas qual é o pensamento que expande mais a criatividade e a inspiração? O pensamento antidialético. É o mais complexo dos pensamentos e é fundamental na expansão da sabedoria, da flexibilidade e da tolerância.

Através da arte da dúvida e da crítica, a humildade não apenas desobstrui os pensamentos dialéticos como também expande o pensamento antidialético. Ela nos faz enxergar por vários ângulos um mesmo estímulo, seja ele físico, químico, biológico ou psíquico, como ofensa, rejeição ou perda.

O exercício intelectual da humildade nos leva a abrir o leque de nossas mentes para darmos respostas inteligentes em situações novas. Portanto, ele é fundamental não apenas para a saúde psíquica, mas para formar pensadores.

Sem perceber, estamos destruindo, em todas as nações desenvolvidas, a intuição, a capacidade de indução, o raciocínio esquemático, enfim, o imaginário de milhões de estudantes, da pré-escola à pós-graduação. Exigimos que eles repitam dialeticamente nas provas as informações ensinadas em sala de aula e não lhes damos liberdade para ousar, inventar, intuir.

Não estimulamos a rebeldia do processo criativo. Provavelmente mais de 90% do raciocínio das pessoas é tolhido pelo bloqueio da criatividade. Elas poderiam brilhar nas suas empresas, escolas, famílias, mas sua capacidade de pensar é asfixiada sem que percebam.

Humildade não é servidão, mas ousadia para questionar. Os grandes problemas ambientais, as crises internacionais, a problemática da fome e da discriminação precisarão de pensadores criativos, destemidos e humanizados para resolvê-las. Mas onde eles estão sendo formados? Em que universidade? Em que templo do conhecimento?

A vida, um enigma no tempo

A grande maioria das pessoas, inclusive líderes políticos, está despreparada para lidar com o poder. O poder as seduz e controla, fazendo abortar seus sonhos humanistas. Elas se transformam em pequenos deuses que morrem um pouco a cada dia. Conhecemos melhor alguém não quando está na labuta cotidiana, mas no pódio.

O homem que nos ensinou a oração do Pai-Nosso era um especialista em libertar o imaginário de seus seguidores e em estimular a formação de pessoas livres, despreconceituosas, intuitivas, capazes de ter reações inovadoras e inquietantes.

Para ele, o maior é aquele que serve, os grandes são os que sustentam os menores. O poder não existe para gerar celebridades, mas para ser exercido por pessoas que se doam e contribuem para a humanidade.

O Mestre da Vida sempre se escondia depois de fazer algo extraordinário. Preferia ver um sorriso no rosto de um leproso a ter os aplausos dos fariseus. Preferia ver a esperança nos olhos de um moribundo a sofrer o assédio das multidões.

Discursou sobre as contradições da vida. Disse que os privilégios dos discípulos seriam interiores, pois externamente passariam por turbulências como qualquer ser humano. Senhor de uma exímia compreensão dos fundamentos da existência, demonstrava que a vida humana era uma fagulha no tempo.

Tudo passa rapidíssimo. Num instante estamos no vigor da juventude; no outro, no último fôlego. As pessoas que estavam ouvindo seu fabuloso discurso no alto de uma montanha estariam no momento seguinte diante de seus conflitos familiares e tensões sociais.

Mas Jesus demonstrava que ninguém seria digno do conforto emocional se não usasse suas crises para nutrir-se. Ninguém desenvolveria sua força interior se não usasse suas fragilidades para construí-la. Ninguém seria digno da lucidez se não aprendesse humildemente a reconhecer as próprias tolices e incoerências e as usasse para crescer. Só assim as pessoas seriam capazes de cultivar um jardim depois das tempestades e de encontrar harmonia depois das avalanches.

Capítulo 9

Os débitos da existência: viver é contrair dívidas

Generosidade sem precedente

Somente depois de nutrir a psique Jesus falou dos débitos do ser humano. Primeiro tocou na questão do sustento diário para depois tratar das nossas falhas. Saciou as necessidades da emoção e do intelecto para depois apontar as dificuldades.

Para aceitar um novo adepto, as religiões frequentemente exigem mudanças. Mas Jesus valoriza primeiro para depois pedir, supre para depois exigir, abraça para depois cobrar. Aqui está mais um dos grandes segredos psicológicos da oração do Pai-Nosso.

Aliás, essa oração retrata a história de vida do próprio Jesus. Ele não era especialista em sobrecarregar, mas em aliviar. Só depois de treinar seus discípulos falou das metas e das faltas na jornada existencial. Após discorrer sobre o *pão nosso*, ele prosseguiu dizendo: *"Perdoai nossas dívidas."*

Muitos deixam seus amigos, alunos e filhos desanimados porque pressionam exigindo mudanças. O Mestre dos Mestres não pressionou nem mesmo Pedro diante do gravíssimo erro da negação. Ele o respeitou. Para o Mestre dos Mestres os erros dos discípulos eram acolhidos como oportunidades para mudanças de trajetórias e não para constranger e punir.

Somos ótimos para funcionar como um manual de regras que dirige a vida das pessoas. Jesus era excelente para estimulá-las a pensar e exaltá-las com claros elogios. Elogiou a mulher samaritana sobre sua sinceridade quando ela falou de sua promiscuidade (João 4:7).

A samaritana tivera cinco homens, e aquele que vivia com ela não era seu marido. Todos desviavam o olhar dessa mulher, mas Jesus lhe deu o status de ser humano, valorizou-a e saciou sua emoção angustiada. Qual foi o resultado? A humildade do Mestre a contagiou. Ela foi uma das primeiras pessoas a dar testemunho dele com vibração e enorme gratidão.

A oração do Pai-Nosso discorre no primeiro momento sobre o amor de um pai por seus filhos, e no segundo fala de disciplina. Mas de que disciplina? De que tipo de erros ele nos acusa? De nenhum. Aqui está outro segredo fundamental dessa oração. Jesus fala de dívidas sem apontá-las, discorre sobre faltas sem discriminá-las.

A filosofia dessa oração estimula cada ser humano a fazer um mapa da sua história sem dar-lhe pistas. Não é este um grande enigma?

Alguns pacientes sentem-se diminuídos e até controlados por seus psicoterapeutas, mas as palavras do Mestre da Emoção ensinam a caminhada interior sem impor regras, estimulam a penetrar nos recônditos da psique sem intimidar.

Os psicopatas não têm consciência de seus débitos

Qual a dimensão filosófica e psicológica do pensamento: *"Perdoai nossas dívidas, como também nós perdoamos aos nossos devedores?"* Para o Mestre dos Mestres viver é se endividar. Jesus afirmou categoricamente que é praticamente impossível não contrair dívidas.

Uma pessoa excessivamente religiosa poderá pensar que, ao falar de dívidas, Jesus estava se referindo a imoralidades, crimes, falta de ética. O conceito é muito mais abrangente. Ele está falando das dívidas existenciais contraídas no teatro da vida.

Quanto mais o tempo passa, mais aumenta nosso débito com nós mesmos, com nossos filhos, cônjuge, colegas de trabalhos, alunos, com o meio ambiente e com o Autor da existência. O que estamos devendo? Devemos amor, gratidão, gentileza, paciência, solidariedade, afeto, compreensão e muito mais.

Para Jesus, tanto os ateus como os religiosos, tanto os puritanos como os pecadores se endividam, embora muitos não tenham consciência dessa dívida ou a desprezem. Cristãos e muçulmanos têm dívidas uns com os outros. Judeus e palestinos têm débitos entre si. Quando achamos que temos apenas saldos, e não dívidas, os problemas se tornam intransponíveis.

Hitler criava uma cadela a quem dava atenção, afeto, cuidado. Em sua mente insana, ele não tinha débito com o animal, mas contraiu um altíssimo débito com a humanidade, sobretudo com o povo judeu.

Um psicopata endividou uma nação. Foram necessárias décadas para que o inteligente e generoso povo alemão se livrasse do sentimento de culpa gerado pela Segunda Guerra. Hitler provavelmente sabia recitar a oração do Pai-Nosso, mas nunca entendeu as dimensões filosóficas e psicológicas das dívidas existenciais.

Toda vez que alguém controla, domina, constrange e tolhe a expressão de pensamento dos outros, seja nas religiões, nas universidades, nos colégios, nas empresas ou em ambientes políticos, está manifestando traços de psicopatia. Os humanistas, ecologistas e ambientalistas sentem-se endividados com a espécie humana, e esse sentimento move suas ações. Os psicopatas acham que não devem nada a ninguém, os outros é que lhes devem aplausos, reconhecimento, elogios, submissão.

Stalin se comportou como um deus. Mandou assassinar milhões de supostos inimigos do regime comunista. Era uma pessoa paranoica, tinha ideias de perseguição, queria eliminar os inimigos externos sem saber que eles eram uma projeção da sua mente doentia. Stalin dormia com seus monstros e os levou para seu leito de morte porque nunca os destruiu.

Nos famosos julgamentos de Moscou, os acusados eram pressionados de tal forma a admitir que conspiravam contra o socialismo que chegaram ao absurdo de confessar em julgamento público o que não cometeram. Foi gerado um delírio coletivo.

O socialismo prega o homem igual, o Mestre dos Mestres prega o respeito, a solidariedade, a afetividade, a entrega ao próximo. A tese do socialismo é de mudança de fora para dentro, a do intrigante homem Jesus é de dentro para fora. Para ele, imaginar a existência de uma igualdade pura é ingenuidade, pois só o amor nos aproxima. De fato, a unanimidade é utópica, somos diferentes genética e psiquicamente.

Herodes, Calígula, Stalin, Hitler, Papa Doc mataram, destruíram, cometeram atrocidades, violaram direitos humanos. A maioria dos tiranos não sabe que o poder aumenta os débitos, que um ser humano só pode ser um grande líder se não for marionete dos seus conflitos, se antes de tudo não liderar a si mesmo.

Jesus, um homem endividado

O homem que dizia ser filho do Autor da existência, e consequentemente ocupar a posição mais alta que um ser humano jamais sonhou, foi desapegado da necessidade de poder. Postulava ser rei, mas comia o que lhe ofereciam sem reclamar, sentava-se à mesa dos marginalizados (Mateus 9:10).

Poderia exigir que todos gravitassem em sua órbita, poderia afirmar que não devia nada a ninguém, mas, ao dizer "*perdoai as nossas dívidas*", teve a humildade de declarar que ele era o mais endividado dos seres. O que ele devia? Devia afeto, compreensão, ternura a todos os seres humanos, sobretudo aqueles que não se achavam perfeitos, nem autossuficientes. Por onde circulava queria saldar seus débitos.

Certa vez ele disse que viera para os doentes e não para os que se consideravam saudáveis. Era um médico da alma que procurava os abatidos, os angustiados, os fragilizados. Procurava também os que ocupavam altas posições, mas que tinham consciência da própria temporalidade, que se viam como neblina que se dissipa inexoravelmente no calor do tempo.

Recebia a todos do jeito que eram, não se envergonhava do odor fétido das suas chagas e nem da rejeição social de que eram vítimas. Jantava com eles, dialogava, cuidava, incentivava, protegia. Era mais gentil do que o mais gentil dos filósofos, um mestre na arte de ver com os olhos dos outros.

Condoía-se com a dor dos que sofriam, aproximava-se deles sem que lhe pedissem e chorava as suas lágrimas. Ficou profundamente comovido com as pessoas que perderam seus seres amados, como Jairo, Marta e Maria. Interrompeu o cortejo de um funeral na cidade de Naim para suavizar a dor dilacerante de uma mãe (Lucas 7:11).

Seu débito com as pessoas era tão grande que se esquecia do próprio sofrimento para se preocupar com o dos outros. Um dos momentos mais sublimes foi quando carregava sobre seus ombros feridos a pesada trave de madeira em direção ao Calvário. Não suportou a angústia das mulheres que choravam por sua causa (Lucas 23:27). Desprendido, disse-lhes que não chorassem por ele, *"antes por vós mesmas e por vossos filhos"*. Ele é que se sentia em dívida com elas.

Manifestava um afeto esplêndido pelas crianças. Abraçava-as carinhosamente na frente dos adultos. Estes as consideravam um estorvo, indignas de estarem na presença do Mestre. Mas ele dizia que o reino dos céus pertencia às crianças (Mateus 19:13). A que crianças? De que nacionalidade? De que cultura? De que religião? De todas as crianças, incluindo os filhos dos ateus.

O Dalai-Lama fala constantemente sobre a compaixão. Suas ideias são carregadas de sabedoria e vão ao encontro do pensamento de Jesus.

O Mestre deixou milhões de pessoas atônitas ao longo das eras ao dizer que morreria numa cruz para saldar os débitos da humanidade com o Autor da existência. Jamais alguém se endividou tanto para saldar o débito que não lhe pertencia. Loucura? Sim! Loucura de alguém impulsionado pelo amor. O amor transformou esse homem num fenômeno incompreensível. A análise psicológica demonstra que ele foi muito mais complexo e deslumbrante do que qualquer religião pode revelar.

Todo ser humano deveria sentir que tem uma dívida de compaixão com seus pares. Todos somos portadores do tesouro da existência. Ter consciência de tal tesouro deveria ser suficiente para nos impelir a abraçar, nos doar, proteger, cuidar das pessoas que nos circundam. Quem não se compadece do outro jamais se compadecerá de si mesmo.

Vejamos algumas das dívidas existenciais que ultrapassam o universo dos nossos erros, falhas e deslizes.

Dívida por não sermos transparentes

Qual a mensagem implícita na psicologia do Pai-Nosso quando fala dos nossos débitos? A de que sejamos transparentes, que tenhamos contato com nossas fragilidades. Não é uma mensagem moralista que acusa e gera sentimento de culpa, mas que liberta, estimula a arte de pensar, expande a autocrítica e produz um olhar para dentro de si.

Nós somos transparentes? Nunca conheci alguém que seja plenamente transparente. Uns escondem algo do seu cônjuge, outros, dos filhos, e ainda outros, dos seus amigos.

Uns se escondem atrás da sua cultura; outros, atrás da sua falta de tempo; outros ainda, da necessidade neurótica de estarem sempre certos. Uns se escondem atrás de seus símbolos de status. Alguns são especialistas em se esconder atrás de seus títulos acadêmicos; outros, atrás de sua posição social; outros, atrás de suas contas bancárias.

O ser humano de todas as raças, culturas e condições sociais tem uma tendência histórica de camuflar seus defeitos, maquiar suas insanidades. É necessário descobrir quem somos, retirar toda a maquiagem, remover todo o disfarce. O pior disfarce é aquele que escondemos de nós mesmos. São os que levam nossos traumas para nossos túmulos.

Temos ânimo para falar das nossas roupas, mas não da nossa nudez. Discorremos com entusiasmo sobre nossas vitórias, mas não falamos dos acidentes e das feridas do caminho. Agora chegou o momento de encararmos nossos débitos e de procurarmos saldá-los.

Podemos extrair um pensamento vibrante das ideias do Mestre dos

Mestres: ser doente não é uma escolha humana, mas continuar doente pode ser. Jesus admite nossa estupidez, mas não aceita que a escondamos. Admite nossas tolices, mas não permite que as maquiemos.

Dívida de amor com os outros

Alguns profissionais são delicados com clientes, mas não são atenciosos com os filhos. Fazem um enorme esforço para agradar desconhecidos, mas não se esforçam para elogiar suas esposas. Suprem de bens seus familiares, mas os deixam famintos de afeto com sua ausência e falta de gentileza.

Alguns intelectuais são disciplinados nas suas pesquisas, mas não se dedicam a pesquisar os momentos difíceis dos seus adolescentes. São profundos em seus artigos, mas frequentemente dão respostas prontas para os conflitos dos seus filhos. São pacientes na elaboração de suas teses, mas se enervam e irritam diante do comportamento de suas crianças. Querem resultados imediatos.

Estou finalizando este livro nos Estados Unidos. Conheço muitas pessoas afetuosas e amáveis nesse país. Apesar de não estarem em débito com sua empresa e com sua profissão, percebo que têm altíssima dívida com as pessoas que mais amam. Infelizmente esse é um fenômeno mundial.

Alguns dizem que pautam sua vida pela honestidade. Mas quem não mente algumas vezes? Quem não conta meias verdades? Quem não se esquece do que prometeu para si mesmo? Quantas vezes prometemos ser mais tolerantes com os que nos rodeiam e ao primeiro sinal de frustração reagimos impulsivamente.

Na terra do individualismo, o homem Jesus proclamava ideias que perturbavam a mente e exaltavam a emoção: "*Ama o próximo como a ti mesmo*" (Mateus 22:39). Como será que amamos aqueles que tocamos com as mãos, que vemos com os olhos, que dormem ao nosso lado, compartilham conosco as refeições?

O amor encanta a vida, dá suporte nas tempestades, traz conforto nas perdas. Sem amor, os ricos são miseráveis; com amor, os miseráveis são abastados. Sem amor, os intelectuais perdem o sentido existencial; com amor, os iletrados são aventureiros.

Se o amor for superficial, as distâncias serão gritantes. Se não houver amor, a pessoa com quem dividimos nossa cama torna-se uma estranha. Quem é capaz de saldar suas dívidas com as pessoas mais caras dizendo: "Desculpe-me por não dar a atenção que você merece", "Obrigado por existir e participar da minha vida", "Vou procurar me corrigir para sermos mais felizes juntos"?

Aumentamos nossas dívidas até quando tomamos um excesso de cuidados. Tive um paciente de bom nível intelectual, mas que se preocupava obsessivamente com doenças. Quando se casou, projetou sua insegurança na filha. Perdia o sono e a fome, não conseguia trabalhar direito quando temia que a filha estivesse levemente doente. Uma tosse o inquietava. Talvez esse comportamento reflita um cuidado amoroso, mas é certamente destrutivo.

As crianças assimilam facilmente os comportamentos obsessivos dos mais velhos e podem reproduzi-los mais tarde, ao se tornarem adultos. É por isso que muitas vezes repetimos os comportamentos que mais detestamos em nossos pais.

As crianças têm de sentir a vida com suavidade, leveza e ingenuidade. Têm de brincar, correr certos riscos, criar. Não se destrói a infância de uma criança apenas com maus-tratos, mas também com superproteção. Até o excesso de atividades tem o poder de bloquear a infância. Quem tem dívidas nessa área deve procurar saldá-las.

A arte de agradecer é uma forma de saldar nossas dívidas

Aprender a agradecer tudo o que temos é uma forma excelente de cuidar carinhosamente da saúde psíquica. Hoje é tempo de agradecer a nossos pais, a nossos filhos, à pessoa amada e aos amigos. Agradecer o carinho, o afeto e a dedicação, dizer que eles fazem toda a diferença em nossas vidas. Quem não sabe agradecer não sabe saldar as dívidas de amor consigo mesmo e com os outros.

Devemos agradecer por nosso coração que pulsa, pelo sangue que irriga bilhões de células, pelo ar que respiramos, os alimentos que ingerimos, os trabalhadores que os produzem. Expressar gratidão pelo sol, exaltar a chuva, agradecer o perfume das flores, a sombra das árvores, o canto dos pássaros.

Agradecer as conquistas realizadas, as batalhas vencidas, as etapas superadas, as crises resolvidas. Agradecer as lutas perdidas e as dificuldades sofridas. Uma pessoa saudável é especialista em agradecer, vive com intensidade, não se psicoadapta, não perde o encanto, não se entedia nem se aprisiona nas tramas da rotina. Uma pessoa doente é especialista em reclamar, em viver superficialmente, sem admiração por todos os pequenos dons de que estamos cercados.

A consciência da gratidão é uma das mais notáveis características da personalidade. Ela não é fruto de um processo mágico, mas de um exercício intelectual que nos leva a compreender que a vida tem fatos imprevisíveis e inevitáveis. A arte de agradecer expande o campo visual da psique. É uma forma revolucionária de mudar as coisas, pelo menos dentro de nós.

Certa vez, um pai perdeu seus dois únicos filhos num acidente. Tinha motivos para se fechar em seu mundo, enclausurar-se dentro de si mesmo e não mais sorrir. Tinha motivos para se deprimir e se deprimiu intensamente. Tinha motivos para desistir da existência, mas não o fez.

Quando me procurou, eu lhe disse que medicamentos antidepressivos e tranquilizantes poderiam trazer alívio momentâneo, mas não resolveriam sua crise existencial, não estancariam sua angústia para sempre.

Respeitei sua dor e durante o tratamento mostrei-lhe que pelo menos dois caminhos se abriam: ou lamentaria a perda dos filhos pelo resto da vida e consequentemente paralisaria sua emoção e asfixiaria sua inteligência ou agradeceria cada hora e cada dia que vivera intensamente com eles.

Ele escolheu treinar sua emoção e seu eu para agradecer. Diariamente expressou a gratidão por ter cuidado dos filhos desde a infância, por cada sorriso, cada abraço, cada beijo, cada momento de diálogo. Sua saudade nunca foi resolvida, mas encontrou uma fonte de alegria no meio da dor, uma fonte de refrigério na mais dilacerante miséria, e deixou de ser deprimido.

Capítulo 10

Superando a hipocrisia: o Deus invisível e o ser humano visível

O inconsciente coletivo: palco de inverdades

A continuação da interpretação da mais intrigante oração de todos os tempos nos deixa mais impressionados ainda. Segundo a tese de Jesus, há um Deus todo-poderoso que ultrapassa as barreiras dos comportamentos e que é capaz de perscrutar o que os psiquiatras jamais perscrutaram: o coração psíquico.

Como isso é possível? Que habilidade é essa? Jesus nos perturba ao afirmar que o Autor da existência conhece os débeis pensamentos, aqueles que ainda não ganharam sonoridade.

Por conhecer o tecido psíquico, era de se esperar que Deus viesse exigir sacrifícios para expiar as falhas humanas. Mas, como vimos, Ele não fez isso. Em determinadas civilizações desenvolvidas da Antiguidade, como a dos maias e a dos cretenses, pessoas eram oferecidas em sacrifício para aplacar a ira das divindades.

A postura do Deus do Pai-Nosso revelado por Jesus Cristo é muito diferente. Segundo Jesus, o Deus que se encontra além dos parênteses do tempo atribuiu a cada ser humano a responsabilidade de enxergar suas próprias dívidas. Essa atitude representa o ápice da gentileza. Onde está o Deus autoritário que muitos ateus apontavam, inclusive eu? Onde está o Deus que denuncia nossas loucuras e instiga o sentimento de inferioridade? Onde está o Deus perito em punições? Ele não se encontra na oração do Pai-Nosso. Está na nossa mente.

Mais de um terço da população mundial se diz cristã. Entretanto, a grande maioria tem a imagem de um Deus que não existe. Por possuirmos um rico imaginário, é muito fácil construir um palco de inverdades no inconsciente e propagá-las.

Somos nós os especialistas em acusar e em olhar os que erram com desprezo. Mesmo as pessoas mais dóceis querem muitas vezes resolver os problemas dos outros com conselhos superficiais. Somos indelicados e desrespeitosos com a dor alheia.

Algumas pessoas ficam ainda mais angustiadas quando ouvem conselhos pré-fabricados do tipo "Olhe em volta, há pessoas em pior situação do que você", "Não seja frágil", "Procure se distrair". São conselhos que não levam em conta a complexidade da dor humana e por isso não exercem qualquer efeito terapêutico. Às vezes é muito melhor dar o ombro para alguém chorar e mostrar uma solidariedade silenciosa do que fazer grandes discursos.

Determinados conselheiros jamais entenderam que a depressão é o último estágio do sofrimento psíquico. Alguns têm a coragem de insinuar que as pessoas deprimidas são dissimuladas, que depressão é coisa de quem não tem o que fazer.

Nunca entenderam ou prestaram atenção no antiquíssimo e tão atual alerta de Cristo: "*Por que reparas no cisco que está no olho do teu irmão quando não percebes a trave que está no teu?*" (Mateus 7:3). É mais fácil ver a cegueira dos outros do que a própria.

A oração do Pai-Nosso: um manual de sobrevivência psíquica

Não consigo deixar de me perturbar sempre que analiso o grito silencioso de Jesus quando Pedro o negou pela terceira vez: "*Eu o compreendo. Eu o compreendo.*"

Muitos são fascinados pelos atos sobrenaturais do Mestre dos Mestres, mas repito mais uma vez que foram seus pequenos gestos que viraram a história de cabeça para baixo. Se as pessoas vivessem 1% da humildade, afabilidade e serenidade presentes em suas palavras e comportamentos, a civilização humana seria outra.

Na oração do Pai-Nosso, ele coloca uma única condição para que os débitos das pessoas sejam saldados: "*Perdoai as nossas dívidas, como também nós perdoamos aos nossos devedores.*" Ele é sintético em suas ideias e lúcido no argumento. Como não pune nem constrange o ser humano, pede que façamos a mesma coisa com nossos pares. Como é magnânimo para conosco, solicita a mesma moeda da generosidade.

Jesus evita que o ser humano seja um hipócrita. É fácil pedir perdão ao Deus invisível, mas é complicado perdoar os seres humanos concretos. Por isso foi estabelecida uma via de mão dupla.

O Deus invisível salda as dívidas das pessoas se elas perdoarem com a mesma intensidade o ser humano visível. Para isso é preciso valorizar os estúpidos, cuidar dos que nos contrariam, acolher os que erram frequentemente. Caso contrário, nossa espiritualidade será uma farsa, uma hipocrisia.

A oração do Pai-Nosso é instigante, revolucionária, gera reações em cadeia, destrói conceitos e preconceitos. É um manual de sobrevivência nas relações sociais. É fácil expressar ternura ao Deus eterno, mas é complicado e difícil expressá-la a pessoas cheias de defeitos. É fácil ser afável com os que dão retorno, mas não com os que nos perturbam. Muitos pensadores na filosofia, na psicologia e na psiquiatria são afetuosos com os que os admiram, mas implacáveis com os que os criticam.

Quem quer ver dias felizes tem de promover a felicidade dos outros. Quem quer ter qualidade de vida tem de promovê-la no mundo em que vive. O individualismo, o egocentrismo e o egoísmo não estão em sintonia com a saúde psíquica.

Jesus objetivava reeditar a memória e irrigar de saúde a psique

Ao longo de mais de duas décadas analisando o processo de construção dos pensamentos, descobri que determinadas áreas da memória, tanto a consciente quanto a inconsciente, possuem um volume de ansiedade tão grande que bloqueiam milhares de outras áreas, impedindo-nos de raciocinar, refletir e autocriticar com clareza.

Como já falei, chamo essas áreas bloqueadoras de janelas killer (assassinas) ou zonas de conflitos. Em algumas teorias psicológicas elas são chamadas de traumas. Como expus em outros livros, quando entramos nessas áreas o volume de tensão é tão grande que bloqueia o acesso do eu a milhares de outras janelas da memória, contraindo nossa capacidade de pensar quando estamos vivendo um momento estressante.

Nesses casos, o *Homo bios* (os instintos), prevalece sobre o *Homo sapiens* (a racionalidade), gerando fobias, impulsividade, agressividade, reações atrozes e até atitudes suicidas. Nossas maiores falhas são cometidas nos primeiros 30 segundos em que entramos numa janela killer.

Mesmo conhecendo profundamente a matéria, alunos brilhantes podem ter péssimo desempenho nas provas quando entram nessas janelas. O sistema educacional comete um "crime" por não entendê-los, apoiá-los e encorajá-los. Por entrarem nessas janelas, pessoas calmas também podem ter reações agressivas, pessoas ousadas se intimidam, brilhantes palestrantes perdem o fio da meada.

O que essa abordagem tem a ver com a oração do Pai-Nosso? Muito. Ela é uma fonte de prevenção das zonas killer conscientes e inconscientes e, por extensão, uma fonte de saúde psíquica. Procurar compreender os outros, tolerá-los, agir com compaixão, controlar a impulsividade das reações, não gravitar na órbita das próprias frustrações são ferramentas excelentes e insubstituíveis para evitar a formação de traumas.

Há pessoas que quando veem seus agressores ou pensam neles entram como um raio em suas janelas killer, destruindo a própria tranquilidade, o prazer e o bom humor. Algumas sofrem ataques de raiva ou de medo.

O perdão não é um processo mágico, mas psicológico. Não é deletar a lembrança, mas reeditar a memória. O que a grande maioria de nós procura fazer é tentar esquecer os inimigos, desviar a atenção de quem nos frustrou, tentar apagar nossos arquivos. Essa é a melhor maneira de preservar nossos conflitos.

A forma de eliminar um inimigo é compreendê-lo, perceber sua fragilidade por trás da agressividade, sua instabilidade por trás da traição, sua imaturidade por trás das ofensas arrogantes. É sobretudo resolver as dívidas do inimigo conosco sem pedir nada em troca. Se vier retorno, se o inimigo mudar de comportamento, será um lucro adicional, pois o lucro emocional já terá sido construído.

Agindo assim, o fenômeno RAM (registro automático da memória) arquiva, ao longo das semanas e meses, liberdade onde há clausura, segurança onde há janelas fóbicas, prazer nas zonas onde se encontram as angústias, ousadia onde existe timidez. Dessa maneira reescreve-se a história.

A psicologia do Pai-Nosso possui uma prevenção fascinante dos transtornos psíquicos. Ela sopra nos ouvidos do ser humano: "*Não sejam juízes das pessoas, mas seus defensores, ainda que não mereçam. Se não fizer isso por elas, faça por você.*"

O binômio bateu-levou é doentio

Ser afetivo com quem é grosseiro, bondoso com quem é egoísta, dócil com os arrogantes não é hastear a bandeira da fragilidade, mas da força. Os fracos usam a força; os sábios, a inteligência.

A pessoa ameaçada por um revólver que consegue agir com gentileza e dialogar com segurança com seu agressor, sem intimidá-lo ou ser intimidada, tem mais condições de debelar a ansiedade dele, de fazê-lo sair da zona da janela killer e de levá-lo por instantes a repensar sua fúria assassina.

Muitos assassinatos, atos violentos e agressivos poderiam ser evitados, pois tais atitudes dão um choque de lucidez nos arrogantes e estúpidos. Entretanto, raramente temos tais comportamentos porque somos treinados desde a mais tenra infância a viver em função do binômio ação-reação.

O binômio ação-reação é péssimo para as relações sociais. Quem obedece à lei do "olho por olho, dente por dente" crê falsamente que não leva desaforos para casa, mas na realidade leva, para dentro de si mesmo, tanto os desaforos quanto quem os produziu.

Temos que aprender a proteger nossa psique, mas infelizmente a psiquiatria e a psicologia investiram muito em tratamentos e pouco em prevenção. Esperamos que as pessoas fiquem doentes para então tratá-las. Nada é tão injusto.

Para proteger nossa psique, precisamos conhecer o funcionamento da mente e sobretudo a natureza dos pensamentos. Vimos que temos dois tipos de pensamentos conscientes: o dialético e o antidialético. Não é possível aprofundar aqui esse assunto, mas gostaria de dizer que, apesar de esses dois pensamentos conscientes serem usados no diálogo, na escrita, na leitura e na imaginação, a natureza deles é virtual e, portanto, destituída de realidade.

Tudo o que pensamos sobre nós mesmos e sobre os outros não é real. Apesar de parecer chocante, essa tese é fundamental. O pensamento consciente não tem verdade pura, é sempre um sistema de interpretação que tenta definir a realidade.

Tudo o que um psicólogo pensa, analisa e diagnostica sobre um paciente não é a realidade essencial da depressão, da fobia ou da ansiedade, mas um sistema de interpretação que pode estar sujeito a várias distorções. Tudo o que os pais percebem nos filhos, por mais correto que seja, não é a realidade intrínseca do que se passa no interior deles.

Pensar é interpretar, e interpretar gera distorções. Por que algumas pessoas se consideram incapazes, pouco atraentes, ineficientes, enquanto outras se supervalorizam, acham-se deuses, acima dos outros, com direito de manipulá-los? Porque, ao interpretarem a si mesmas, as primeiras desvalorizam a sua realidade e as outras a supervalorizam. Se o pensamento consciente fosse a expressão pura da realidade, não haveria ditadores nem pessoas que se sentem inferiorizadas.

Ao interpretar, acrescentamos cores e sabores que desfiguram os fenômenos interpretados. Um conjunto de variáveis entram no processo de leitura da memória, interferindo na construção de pensamentos e na consequente interpretação.

Muitos executivos agridem e humilham seus funcionários. Eles foram humilhados no passado e agora reproduzem o mesmo comportamento com quem está numa posição inferior. Alguns empregados têm inveja de seus colegas de trabalho, sentem-se ameaçados por eles, não conseguem cooperar e trabalhar em equipe. Alguns namorados têm um intenso ciúme de suas namoradas. São prisioneiros da baixa autoestima e insegurança e por isso aprisionam quem dizem amar. Exigem uma atenção doentia.

Todos esses fenômenos expressam distorções do processo de interpretação. Diariamente nos endividamos com os outros e os outros se endividam conosco. Por que razão viver é contrair dívidas existenciais? Porque interpretar é frequentemente distorcer a realidade.

Entretanto, podemos distorcer menos a realidade quando nos alimentamos com os nutrientes apresentados nos capítulos anteriores. Somos uma plateia de famintos que procura suprir de alimento os bilhões de células do corpo. Mas deixamos de alimentar nossa psique e por isso desenvolvemos conflitos com facilidade, deixando um rastro de dor ao longo de nossa vida. Vou lhes contar uma história que ilustra esse complexo processo.

A vilã que se tornou heroína

Certa vez, P. M., um homem de 40 anos de idade, expressou para mim a raiva, indignação e repugnância que sentia ante os comportamentos de sua mãe. Ele tentara perdoá-la a vida toda e esquecer as ações dela que o feriram, mas não conseguira.

Ser refém do passado é mais difícil do que ser refém de um sequestrador, de um ambiente profissional opressor ou de um casamento conflitante. Pode-se fugir do cativeiro, mudar de emprego e divorciar-se, mas ninguém consegue escapar de si mesmo. Por mais que P. M. se esforçasse, as mágoas permaneciam e as imagens do passado o assombravam.

Ele era prisioneiro de suas janelas killer. Como não tinha sensibilidade para interpretar os comportamentos da mãe, qualquer coisa que ela fizesse o desapontava. Era impaciente, intolerante e injusto com ela. Mas tinha receio de tocar nas causas que alimentavam sua relação fragmentada.

É impossível enterrar um passado não resolvido. É preciso enfrentá-lo para livrar-se do fantasma que assombra e controla. Consciente disso, P. M. decidiu começar a fazer um inventário da sua história. Aos poucos tomou coragem para entrar nos vales amargos das suas frustrações, dissecar as artérias principais da sua infância e falar sobre ela.

Seu pai abandonara sua mãe quando ele era pequeno. Isso lhe causara uma grave ruptura. Mas o drama não parou aí. Sem profissão com que pudesse garantir seu sustento e o do filho, a mãe começou a se prostituir. P. M. viu muitas vezes homens entrarem na intimidade do quarto da mãe e ouviu os sussurros da relação sexual. Aqueles sons construíram zonas de conflito no seu inconsciente. Tinha vontade de matar todos. Sentia-se vítima de um pai carrasco, de uma mãe vilã e de homens estranhos que violavam seu mundo sem pedir licença.

Ao resgatar a dolorosa história e começar a repensá-la, P. M. deixou de se posicionar como um miserável abandonado pela sociedade e por si mesmo. Passo a passo, começou a aprender a interpretar a história da sua mãe através dos olhos dela, a partir das dificuldades que ela enfrentara.

Ao olhar por essa perspectiva, foi sentindo compaixão e solidariedade. Aos poucos, começou a entender por que todos os seus esforços para perdoar a mãe não funcionaram.

Ao longo do tempo, P. M. melhorou, mas não o suficiente. Filho e mãe ainda estavam muito distantes, famintos de aproximação. Para isso, precisavam romper barreiras, rasgar a alma, ter um encontro solene um com o outro.

Como tocar no assunto? Era constrangedor, mas necessário. P. M. não podia atuar como juiz da mãe e não possuía nenhum elemento concreto para ser seu advogado de defesa. Ele é que se sentia vítima de um passado cáustico, frio, seco, que não tinha escolhido.

Não era possível abandonar suas frustrações, mas era necessário administrá-las para poder falar sem acusar a mãe. Certo dia tomou coragem e procurou-a, dizendo que precisava ter um diálogo aberto que seria muito importante para o futuro dos dois.

Ela aceitou. Pela primeira vez falaram sobre um passado dilacerante e intocável. O tempo parou, lágrimas copiosas de uma mãe machucada e de um filho ferido percorreram os vincos dos rostos, procurando encontrar um oceano de paz.

Foi um diálogo transparente, afetuoso e regado a compreensão. Enquanto penetravam nas entranhas de suas histórias, o fenômeno RAM ia arquivando essa experiência nos locos das janelas killer. É impossível apagar o passado, mas ele foi reeditado, reescrito, vivenciado de uma nova forma. Não seria esquecido, mas não perturbaria mais da mesma forma.

Quando o filho falou dos homens estranhos que entravam no quarto da mãe, dos sussurros que ouvia e do ódio que sentia, a mulher caiu em prantos. Com a voz embargada, tocou pela primeira vez no assunto. Disse-lhe que violentara seus valores, esmagara sua autoestima e se prostituíra para não vê-lo passar fome. "Meu filho, enquanto me prostituía, eu chorava por dentro, mas você era mais importante para mim."

Foi a vez de o filho chorar copiosamente. Diante dele estava uma mulher com quem ele convivia, mas que não conhecia. Só depois de se nutrir do diálogo, da segurança, da humildade e da transparência passou a conhecer a mãe. Décadas de dor poderiam ter sido evitadas se ele tivesse se nutrido antes. Mas nunca é tarde para recomeçar.

Percebeu que tinha com a mãe uma dívida que nunca saldara, uma dívida de amor. A vilã se tornou heroína. A mulher frágil passou a ser vista como forte. A mulher de quem o filho tinha vergonha passou a ser motivo de orgulho. Mãe e filho se descobriram e se perdoaram.

A grande maioria das famílias modernas se tornou um grupo de estranhos. Poucos de seus membros se conhecem em profundidade, embora sejam excelentes para tachar, julgar, criticar, apontar erros.

Dizem amar-se uns aos outros, mas não sabem dialogar, expressar afeto, solidariedade, tocar a vida com confiança. Estão famintos e endividados.

Por trás de atitudes interpretadas com repugnância pode estar escondido um amor sublime que só olhos que penetram além dos comportamentos visíveis são capazes de enxergar. É preciso nutrir a psique para traduzir o invisível.

Capítulo 11

Uma proposta revolucionária: a comunicação com o próprio ser

A linguagem do pensamento

O homem Jesus abala o raciocínio estreito, instiga a inteligência e nos faz entrar em contato direto com camadas mais profundas do nosso próprio ser. Este será o grande tema dos últimos capítulos deste livro. Ao tratar do assunto, preciso retomar alguns pontos já discutidos sobre os pensamentos para aplicá-los à última grande proposta do Mestre dos Mestres.

Dezenas de bilhões de neurônios se interligam em rede no córtex cerebral para que possamos armazenar informações, lê-las e processar o mais fantástico sistema de comunicação: o circuito dos pensamentos. Como comentei, os pensamentos conscientes se expressam por meio de um sofisticado sistema de linguagem dialética (produzida por códigos simbólicos) e antidialética (produzida pelas imagens, sensações, impressões).

O mundo dos pensamentos nos habilita a nos comunicarmos com o nosso corpo, nossa psique, com as pessoas, com os animais e com o mundo físico. Quanto mais desenvolvido for o sistema de linguagem mental, mais complexa é uma espécie. A espécie humana está no topo da complexidade intelectual em relação a dezenas de milhões de outras.

A linguagem dos pensamentos nos colocou numa posição única no processo de criatividade, percepção e comunicação. Estamos no auge da inteligência, mas infelizmente também no ápice da insensatez.

Não honramos a insondável arte de pensar como ela merece. A comunicação produzida por ela é deslumbrante na essência e decadente na aplicação.

A comunicação corporal nos leva a perceber diariamente os pontos de pressão, de desconforto, as dores e o aumento de temperatura nos estimulando a procurar alívio e proteção. Os animais mais desenvolvidos também possuem essa comunicação e de certa forma a usam melhor do que nós. Por quê?

Porque eles dormem, selecionam sua dieta e se preservam mais, enquanto muitos de nossa espécie vivem como se fossem imortais, sem fazer exercícios físicos, engolindo a comida, deixando de selecionar os alimentos, levando seus inimigos para a cama, trocando o dia pela noite. Como está a sua comunicação corporal? Péssima, aceitável ou ótima?

A comunicação social nos permite construir uma trama de relacionamentos. As representações dos outros em nossa psique, as expectativas, as interações e as interferências interpessoais fazem das relações sociais uma veste dificílima de ser tecida, mas facílima de ser manchada, esgarçada, rompida. Uma excelente relação demora anos ou décadas para ser construída, mas pode ser destruída em segundos.

Temos ainda a comunicação com o mundo físico, onde observamos fenômenos, analisamos fatos, prevemos reações. O desenvolvimento da engenharia civil, naval, mecânica, eletrônica é exemplo do sucesso impressionante das relações com o mundo externo. Mas também temos sido predadores do meio ambiente, promotores do aquecimento global, deuses de uma terra em que nos sentimos apenas hóspedes.

Um dia um amigo ficou intrigado porque não matei uma cobra na fazenda onde moro. "Por que não a matou?", perguntou. E eu respondi: "Por que tenho de matá-la? Nós é que invadimos seu ambiente. Ela só pode nos ferir se a ameaçarmos." Em seguida, ponderei: "Quem tem o veneno mais mortal, as cobras das matas ou o ser humano das cidades? Quem planeja o mal?" Meu amigo entendeu.

Temos também a comunicação psíquica em que adquirimos consciência de nossos pensamentos, imaginações, percepções e deciframos algumas de nossas emoções. Sem a linguagem dos pensamentos, não teríamos consciência de quem somos, onde estamos, o que fazemos. Não teríamos personalidade, identidade, metas e prioridades. Não seríamos a espécie *Homo sapiens*, mas apenas mais uma entre as que existem sem ter consciência da vida.

Se houvesse ausência completa da linguagem dos pensamentos não haveria a consciência existencial. Nesse caso, passado e futuro inexistiriam para nós. Morrer ou viver seria a mesma coisa. Não sofreríamos frustrações, não falharíamos, não sentiríamos a dor das perdas, não vivenciaríamos solidão nem choraríamos de saudades.

A linguagem dos pensamentos nos trouxe surpreendentes vantagens e extraordinárias complicações, marcante ousadia e flagrante timidez, belíssimas inspirações e angustiantes conflitos. A psicologia e a filosofia do Pai-Nosso evidenciam no final de seu texto esse admirável paradoxo.

Paixões e tendências na construção dos pensamentos

Todo ser humano possui, como já comentei, uma ansiedade vital que estimula a leitura multifocal da memória, que transforma a mente humana numa usina ininterrupta de pensamentos, capaz de nos fazer resgatar o passado, antever o futuro, produzir ideias, criar, fantasiar, inspirar. Essa usina intelectual foi imprescindível para fazer florescer os primeiros raios da consciência de nós mesmos e da construção social.

A linguagem dos pensamentos pode ser usada para transmitir as informações lógicas ou ilógicas, as experiências objetivas ou subjetivas. Entretanto, que tipo de informações ela transmite com mais eficiência? Sem dúvida as informações lógicas e as experiências objetivas. Por quê? Porque, entre outras causas, há um envolvimento da emoção e da nossa história na construção dos pensamentos.

Quanto maior for a emoção, mais contaminado será o espetáculo dos pensamentos, tanto para o bem quanto para o mal. Sob uma emoção altruísta, o ser humano pode ser complacente com uma falha inadmissível. Sob as chamas do ódio, do fanatismo e do radicalismo, ele pode transformar um pequeno erro num ato imperdoável.

Somos tão contrastantes que a classificação de *Homo sapiens* deveria ser alterada para *Homo emocional-sapiens*. Nossa sabedoria não é retilínea, tem o gosto das paixões e o sabor da história.

Como as informações lógicas têm um reduzido envolvimento

emocional e histórico, elas são comunicadas sem grandes distorções. Essa tese teve consequências gravíssimas em toda a história da humanidade e continuará tendo em nosso futuro.

Estimule um palestino e um judeu a conversarem sobre fenômenos físicos, químicos ou biológicos – sobre informações lógicas. Em minutos ou horas estarão falando a mesma linguagem e se entenderão. Peça para conversarem sobre preconceitos, violência social, religião, direitos humanos. Em décadas talvez não se entendam, como tem ocorrido até hoje.

Um cirurgião pode operar um tumor cerebral em algumas horas, mas um psicólogo pode demorar semanas, meses e até anos para entender parcialmente os conflitos de um paciente. Tente explicar suas mágoas e frustrações para as pessoas que as causaram. Talvez você não seja entendido e provavelmente criará atritos. Mas fale sobre números com elas e o consenso voltará rapidíssimo.

Não desanime quando não for compreendido em seu meio, pois diariamente milhões de pessoas sentem o mesmo. Falar sobre o mundo subjetivo é complicadíssimo. Não adianta reclamar dessa complicação, porque ela é fruto da nossa complexidade. A linguagem dos pensamentos é fortemente influenciada por sutilezas, intenções subliminares, pontos de vista, interesses, tendências, cultura, momentos existenciais.

Comunicando-se com seu próprio ser

Howard Gardner, autor de *Inteligências múltiplas*, afirma que, embora as escolas declarem que preparam seus alunos para a vida, a vida não se limita a raciocínios verbais e lógicos.

Nossa espécie tem sérios problemas para se viabilizar não somente porque fazemos guerras, somos individualistas, egoístas, egocêntricos, bairristas, preconceituosos, mas também porque a linguagem dos pensamentos é deficiente para comunicar as experiências existenciais.

Professores e alunos ficam durante anos no pequeno espaço de uma sala de aula, mas frequentemente estão em planetas psíquicos completamente distintos. Conhecem átomos, leis da física, pontos geográficos, mas desconhecem seus próprios mundos. Sabem falar a linguagem lógica, mas, com raras exceções, não são treinados para falar a linguagem que disseca as crises existenciais, esquadrinha os medos, revela os sentimentos. Como educar para a vida, se mestres e estudantes vivem em órbitas emocionais diferentes?

Familiares dividem o mesmo espaço por décadas. Acham que se conhecem, mas raramente detectam os golpes de desespero e os momentos de ansiedade. São ótimos para julgar, mas não se especializam em acolher. São peritos em ver falhas, mas não em encorajar. Suas relações estão debilitadas e, muitas vezes, doentes.

Alguns, entretanto, superam a barreira da linguagem dos pensamentos e se aproximam. Quem são esses privilegiados? Os que, como já vimos, saíram do rol dos comuns, reconheceram que são famintos de diálogo, humildade, serenidade e procuraram se nutrir. Passaram do mundo da conversa para o mundo do diálogo.

Lembre-se, conversar leva a uma troca superficial, é enxergar os próprios interesses. Dialogar é se aprofundar, se entregar, se esvaziar emocionalmente, valorizar o outro, ouvir o que ele tem a dizer e confiar-lhe seu íntimo.

Uma das falhas mais gritantes das sociedades modernas foi ter construído uma assombrosa tecnologia de comunicação para operar computadores, dirigir máquinas, estudar fenômenos físicos, mas não para equipar o eu com a consciência de si mesmo e ser capaz de atuar com maturidade em seu mundo psíquico.

Não há mágicas em psicologia, não há gestos heróicos que mudem a personalidade. É isso o que a psicologia do Pai-Nosso brada em sua frase final. O último pensamento dessa oração é: *"Não nos deixeis cair em tentação, mas livrai-nos do mal."*

O que esse pensamento representa a nível psicológico? Quais são suas dimensões e seus segredos? Ele encoraja a volta do ser humano para dentro de si mesmo; melhora a comunicação com o próprio ser; derrota o conformismo do eu; leva-o a deixar de ser fantoche dos seus conflitos e dificuldades e estimula-o a tornar-se autor da sua história.

"Não nos deixeis cair em tentação, mas livrai-nos do mal" representa, como veremos, o grito mais estridente do eu em busca de refrigério no mais íntimo do seu ser. Além disso, esse pensamento promove uma espiritualidade inteligente, pois encoraja o ser humano, independentemente de sua religiosidade, a se aproximar intimamente do complexo Autor

da existência não como o todo-poderoso, e sim como um Pai afetivo e dócil, para que Ele o ensine a ser o ator principal no teatro da sua mente.

Raramente uma frase tão simples ocultou segredos tão amplos e fundamentais para promover a saúde psíquica e social. A tão singela oração do Pai-Nosso, recitada distraidamente por inúmeras pessoas, tem uma proposta revolucionária.

Um banho de lucidez

Jesus iniciou a oração do Pai-Nosso no Sermão da Montanha falando de um Pai que habita além da esfera do tempo e do espaço, num céu indefinível e infindável. Depois, reduziu o espaço e falou sobre esse pequeno e belíssimo planeta onde vivemos. Clamou, assim, para que seu misterioso Pai, que possui uma personalidade concreta, fizesse a Sua vontade concreta na Terra. Em seguida, reduziu mais ainda o espaço. Focou o ser humano e suas necessidades diárias através do "pão" de cada dia.

Depois, concentrou mais o foco ao discorrer sobre as dívidas existenciais contraídas no território psíquico e sobre a necessidade de saldá-las não com sacrifícios, mas com o desenvolvimento da tolerância, da solidariedade e da afetividade. Finalizou direcionando para o eu, como o centro que governa o território psíquico, estimulando-o a buscar a mais plena liberdade interior.

Dois mil anos de história se passaram, mas os segredos psicológicos, filosóficos, pedagógicos e sociológicos da oração do Pai-Nosso não foram totalmente vivenciados, e por isso as sociedades modernas vivem contrastes gritantes. Exploramos outros planetas, mas o espaço psíquico tão próximo permanece inconquistado. Combatemos bactérias invisíveis a olho nu, mas não debelamos as discriminações aberrantes e as violências visíveis contra mulheres, crianças e minorias.

No último pensamento do texto mais conhecido da humanidade, o Mestre dos Mestres conduz o eu a receber um banho de lucidez. Leva-o a procurar o oxigênio da liberdade para respirar em meio às suas agitações. Alguns pensam que são livres porque vivem em sociedades democráticas e têm seus direitos garantidos pela constituição, mas estão asfixiados pela intranquilidade, pela ansiedade, pela falta de prazer e pelo excesso de ocupações.

A psicologia do Pai-Nosso não é a do eu doente, frágil, insano e egoísta, mas do eu que anseia pela nutrição diária do pão do diálogo, da humildade, do bom senso, da tranquilidade, da crítica a si mesmo.

A psicologia do Pai-Nosso não procura milagres para superar os transtornos, as mazelas e o lixo psíquico que acumulamos na trajetória existencial, mas busca espaço para se libertar do seu cárcere, reeditar as janelas killer da memória e reconstruir sua história.

Para o Mestre dos Mestres, assim como para a psicologia, qualquer mudança nas características da personalidade não é um processo imediato, depende de treinamento, educação, aprendizado.

O mais excelente treinamento do eu

Ao que tudo indica, Jesus sonhava que seus ouvintes vivessem os conteúdos dessa oração diariamente não apenas recitando-a, mas incorporando-os à própria vida para nutrir o psiquismo, superar as barreiras internas e respirar liberdade.

Essa não é uma necessidade de católicos, protestantes ou de qualquer religião, mas uma necessidade psíquica de todos os seres humanos. Para o Mestre dos Mestres, os que andassem nesse caminho sofreriam uma revolução interior ao longo do tempo. Ele conduziu seus complicados discípulos a andarem nessa trajetória, e o resultado foi simplesmente espetacular.

Crer nos milagres de Jesus curando cegos, paralíticos e leprosos entra na esfera da fé e foge ao propósito deste livro. Mas o que podemos constatar é que Jesus não atuava sobrenaturalmente na psique humana.

Ele não mudou miraculosamente o pensamento do seu traidor, embora soubesse previamente quem o trairia. Cuidou de Judas, encorajou-o, mostrou-se desprendido da necessidade de poder e manifestou que não tinha medo de ser traído, mas de perder um amigo. Tentou resgatá-lo passando por cima da própria dor. Deu-lhe até o último minuto oportunidade de reescrever sua história.

Jesus também não mudou o pensamento de Pedro, embora soubesse que este o negaria. Não o repreendeu, não o diminuiu, nem o pressionou a mudar de atitude. Ao contrário, protegeu-o, ensinou-o a entrar em contato com a própria realidade, a descobrir suas fraquezas e a ser fiel à sua consciência. O golpe da negação foi o preço caríssimo que Jesus pagou por considerar a psique um campo de aprendizado, de educação e de transformação, não de milagres.

Não mudou a paranoica desconfiança de Tomé, que só confiava nos seus sentidos. Também não mudou sobrenaturalmente a insegurança dos discípulos que enfrentaram as tormentas do mar, dos que amavam os aplausos, dos que supervalorizavam o poder político e não a força do amor.

Não mudou instantaneamente a hipersensibilidade de João. As contrariedades perturbavam esse discípulo. Certa vez ele teve a ousadia de sugerir que fossem eliminados os que não concordavam com Jesus. Tal como muitos seguidores de Jesus na atualidade, sentia-se ameaçado pelos que pensavam diferente. Não os acolhia nem os respeitava.

Mas o jovem João cresceu pouco a pouco. Foi forjado pelas tormentas da vida, enfrentou suas tolices, aprendeu a caminhar sem medo dentro de si mesmo, reconheceu seu eu doente e o alimentou para deixar de ser servo das suas mazelas, preconceitos e estímulos estressantes. Na juventude, João viveu o ápice do radicalismo, mas na maturidade atingiu o ápice da generosidade.

Os discípulos foram cuidadosamente escolhidos para representar os vários tipos de personalidade humana. Entre eles há os espertos, os complicados, os impulsivos, os ansiosos, os desconfiados, os ciumentos, os que têm necessidade neurótica de poder, os especialistas em julgar, os pobres em se interiorizar, os que visavam aos próprios interesses. Eles representam todos nós.

Amando-os apesar de tudo

O homem Jesus foi ousadíssimo ao escolher seu time de seguidores. Essa casta de jovens frequentemente lhe dava dor de cabeça. Ele sabia disso, mas amou-os apesar das frustrações, admirou-os apesar das loucuras, encantou-se com eles apesar de tudo.

O homem Jesus concentrava-se pouco nos erros, mas prestava grande atenção no coração das pessoas. O coração bem-intencionado é mais importante do que o comportamento correto. Os discípulos erravam diariamente, mas o amor por seu Mestre os fez desejarem tornar-se seres humanos melhores.

Jesus apostou tudo em cada um deles. Durante sua caminhada na Galileia e na Judeia, alimentou o eu dos discípulos com os melhores nutrientes e deu-lhes o mais excelente treinamento.

Para isso, usava de todas as formas e polia seus discípulos com esses pensamentos: "*Sejam honestos com vocês mesmos, tirem a trave do seu olho*" (Mateus 7:3), "*Somente os mansos, os tranquilos, conquistarão a terra, pelo menos a terra da sua psique*", "*Tenham compaixão pelas pessoas, pois vocês também são imperfeitos*", "*Sejam pacificadores e não promotores de discórdias*", "*Tenham humildade de espírito para ver o invisível*".

Era capaz de gastar tempo com pessoas socialmente reprovadas para ensinar os que o seguiam com essas ideias transmitidas por seus comportamentos: "*Eu amo incondicionalmente os seres humanos, aprendam também a amá-los*", "*Não desistam de ninguém por mais que se decepcionem, pois eu não desisto de vocês*", "*Os frágeis julgam, os fortes compreendem*", "*Não valorizem as pessoas pela fama, poder político ou status, mas pelo coração, pois, se eu optasse pela fama e pelo poder, vocês não estariam comigo*".

Lapidava a personalidade como artífice do intelecto, como artesão da emoção. Atingiu áreas psíquicas jamais alcançadas por psicólogos ou psicopedagogos. Nunca expunha publicamente os erros dos discípulos, mesmo quando eles mereciam, pois procurava formar um eu seguro, tolerante, e não um eu controlado pela culpa e dominado pela baixa auto-estima. Os erros eram tratados em particular, com delicadeza, e os elogios eram feitos em público.

Como você lida com as falhas das pessoas que o rodeiam, como seus filhos, seus subordinados ou seus alunos? Está formando pessoas livres ou fragilizadas? Temos que nos questionar. Uma pessoa madura elogia muito mais do que critica. Exalta o valor de alguém para depois corrigir sua falha. Conquista primeiro o território da emoção para depois entrar no território da razão.

Desde o início da civilização usamos métodos violentos. Queremos conquistar primeiro o território da razão com críticas, disciplina e correções, para depois conquistar o da emoção. Facilmente produzimos inimigos ou formamos pessoas frágeis e assustadas.

Expor erros, apontar falhas ou detectar atitudes tolas das pessoas sem exaltar previamente seu valor produz uma verdadeira invasão.

Tira-as da luz das janelas light e leva-as para as tensões das zonas de conflito, bloqueando a capacidade de assimilação e de aprendizado. Provavelmente mais de 90 % das correções dos pais, professores e executivos não educam, não formam pensadores, não libertam o eu. Ao contrário, o diminuem, o constrangem e o debilitam.

Os jovens que saem atirando e matando seus colegas nas escolas foram, em sua maioria, violentados emocionalmente e se tornaram vítimas dessa invasão intrapsíquica na formação da sua personalidade.

Quem não é capaz de exaltar previamente os pontos nobres de uma pessoa, mesmo de uma criança, não é digno de criticá-la. Quem não é capaz de estimular o eu dos outros a ser protagonista da própria história não é digno de corrigir seus capítulos. Só pessoas livres contribuem para gerar pessoas livres.

Capítulo 12

Não me deixe ser controlado!

É necessário usar de estratégia para reescrever a história

Em grego, a expressão *"cair em tentação"*, entre outros sentidos, significa "estar sob controle". O Mestre dos Mestres nos instiga a sermos humildes e ousados. Humildes para reconhecer nosso cárcere interior, ousados para sair dele.

Estimula-nos a lutar interiormente, a bradar, diária e silenciosamente, com determinação: "*Não deixe que eu seja controlado pela minha impulsividade! Não me deixe ser dominado pelos meus medos! Não quero ser um boneco nas mãos da minha arrogância! Não quero ser fantoche da minha hipersensibilidade!*"

A filosofia da oração do Pai-Nosso não é ingênua. Toda mudança exige uma trajetória a ser percorrida. Um pai pode ter a intenção de mudar drasticamente o modo agressivo e distante da sua relação com os filhos, mas, se não houver um projeto de mudança, metas, prioridades, nutrição interior, a relação permanecerá igual, não se renovará. No calor das decepções, as janelas killer vomitarão agressividade do inconsciente para o consciente.

É preciso pedir desculpas, chorar junto, ter sincera autocrítica, falar menos de problemas, discorrer mais sobre os sonhos em comum. É preciso, às vezes, quebrar a rotina, sair com apenas um filho, almoçar com ele, descobri-lo, compartilhar sentimentos, traçar aventuras conjuntas. Mudanças raramente são conquistadas com palavras ou gestos instantâneos. É preciso ter estratégia, paciência, perseverança.

Casais podem ter a intenção de resgatar o amor, o respeito e a procura ansiosa e gostosa que tinham um pelo outro. Mas, se as velhas reações não forem recicladas, se não houver um exercício emocional para superar o tédio, para elogiar e redescobrir o outro, as melhores intenções se esfacelarão ao primeiro tom de voz mais alto, opinião destoante, reação de ciúmes.

Até os psicopatas têm lampejos da necessidade de mudanças. Então por que não mudam as características doentias de sua personalidade? Porque suas intenções são desejos e não projetos de vida.

Desejos são superficiais, projetos são elaborados. Desejos não resistem às dificuldades, projetos se fortalecem com o sofrimento. Desejos atingem o consciente, projetos reeditam as matrizes inconscientes. Desejos geram motivações temporárias, projetos constroem janelas light no córtex cerebral para estruturar um eu sensato, compassivo, sensível, com domínio próprio.

Em tese todo ser humano é capaz de superar qualquer conflito desde que não haja um processo metabólico dominante ou neurológico marcante. Defendo a tese de que é possível reescrever a história psíquica por mais complicada, doentia e despedaçada que seja. Assisti a esse espetáculo muitas vezes. Porém, a maioria de nós não tem êxito, pois desconhece que há um processo e um ritmo a serem respeitados, mesmo quando há necessidade de tratamento psiquiátrico e psicoterapêutico.

Por que há pessoas que, apesar da cultura acadêmica ou de serem astros em sua religião, nunca superam a arrogância, teimosia, compulsão, ansiedade, timidez e insegurança? Um dos grandes motivos é que, como veremos, o eu delas é malformado e controlado por uma série de necessidades neuróticas.

Algumas pessoas são maravilhosas, mas têm medo de entrar em contato com sua realidade. Ficam na superfície, não penetram nas camadas mais profundas da sua personalidade e por isso não desenvolvem estratégias para se superar. Tornam-se especialistas, ainda que inconscientemente, em proteger seus traumas e não em reeditá-los, em preservar seus conflitos e não em superá-los.

Afinal de contas, o que é o eu?

Conhecendo muitos povos e culturas distintas, constato que a maioria das pessoas não têm consciência de que possuem um eu. Apesar disso, elas dizem "*Eu* me chamo fulano de tal", "Este é o número do *meu* passaporte", "*Eu* moro nesse endereço", "*Eu* tenho essa profissão", "*Eu* desejo fazer isso ou aquilo".

Diariamente colocamos a palavra "eu" nas mais diversas cadeias de pensamentos e ideias sem ter consciência plena do que estamos falando. O eu é muito mais do que um nome, uma identificação numérica, um realizador de tarefas ou um sujeito de desejos. Na realidade, todas essas são apenas características e ações do eu, não representam sua natureza e seus papéis centrais.

O eu é uma palavra pequena e simples de pronunciar, mas retrata o fenômeno psicológico mais complexo da mente humana, mais complexo do que todos os demais fenômenos conscientes e inconscientes.

Para a teoria da psicologia multifocal, o eu é o centro gestor da mente humana, o administrador consciente da psique. Se o eu fosse plenamente saudável, deveria atuar em pelo menos quatro níveis de consciência e gestão: consciência de que somos seres pensantes e podemos administrar os pensamentos, consciência de que possuímos uma emoção e podemos administrá-la, consciência de que temos um centro motivacional que somos capazes de controlar e consciência de que tecemos uma história psíquica e social e que podemos modificá-la.

O eu representa a capacidade de autoconhecimento que em última instância nos dá a compreensão de que cada um de nós é um ser único e individual no teatro da existência.

Muitos cristãos e budistas querem eliminar o eu porque o consideram maléfico. Não sabem que os que dilaceram o próprio eu perdem os parâmetros da realidade, anulam a capacidade de autodeterminação, desenvolvem confusão mental e psicose.

Confundido com o ego descrito na teoria psicanalítica, o eu gera um erro conceitual no desejo de sua eliminação. O ego representa na psicanálise a parte consciente das emoções, das imagens mentais, dos pensamentos. Nessa respeitável teoria, o ego não é o centro gestor da psique.

Na realidade, cristãos e budistas querem batalhar contra o ego individualista, egoísta, ciumento, compulsivo, orgulhoso e ambicioso e não contra o eu como centro gestor da psique. Os aspectos doentios do ego devem ser superados, mas o eu como administrador da psique precisa ser preservado, pois representa a capacidade de autonomia, de escolha livre, de traçar caminhos, de julgar, criticar, analisar, avaliar e ponderar do ser humano.

O eu é a capacidade de exercício do livre-arbítrio, da decisão livre, da autodeterminação, de administrar os próprios atos e ser responsável por eles. Envolve a consciência da própria identidade, da cultura, do paladar, dos gostos, das preferências e tendências, da visão de vida, das metas e prioridades.

Os computadores jamais terão um eu

Considero que esse centro administrador da psique deva ser preparado da melhor maneira possível para que a pessoa seja autora da sua história e diretora do roteiro dos seus pensamentos e emoções. Caso contrário, a psique será um barco sem leme.

Esse é um dos motivos que transformaram as sociedades em um conjunto de pessoas ansiosas e estressadas. Produzimos bilhões de informações que nos levam a enxergar do átomo ao espaço, mas não há leme psíquico. Temos manuais de segurança para todas as situações, menos para proteger a psique. Às vezes, um pensamento pessimista rouba nossa tranquilidade, uma preocupação destrói nosso prazer, um estímulo estressante causa um terremoto psíquico. Esses contrastes me deixam atônito.

Os papéis do eu deveriam ser o alvo prioritário a ser trabalhado, expandido e desenvolvido em todas as escolas e universidades, sob pena de nos perpetuarmos como uma espécie maculada por múltiplas atrocidades e transtornos.

Se não acreditarmos que temos um eu que pode e deve assumir as funções psíquicas de líder e gestor da mente humana, acreditaremos em destino e fatalidade. Nesse caso, não seremos responsáveis pelas violências e injustiças que cometemos ou de que somos cúmplices, pois tudo estaria traçado, tudo seria inevitável.

Embora haja fatos inevitáveis e imprevisíveis, se o ser humano tem consciência dos seus atos, o destino será frequentemente uma questão de escolha. A vida é feita de constantes escolhas. Todos os dias e a cada momento podemos escolher amar, contemplar, nos entregar, reciclar, valorizar o que vale a pena, conviver com pessoas saudáveis com quem somos capazes de estabelecer trocas produtivas.

Por mais que os computadores atinjam uma capacidade de memória milhares de vezes maior do que a humana, e sejam dotados da mais fantástica inteligência artificial, jamais possuirão um eu. Portanto, nunca terão consciência de si mesmos, de que são seres únicos no teatro da existência. Para eles, o tudo e o nada se equivalem. Jamais experimentarão dúvidas, inseguranças e prazeres, ainda que simulem tais experiências.

Alguns fenômenos que o eu deve conhecer para ser autor da própria história

A história da humanidade não seria a mesma se o eu tivesse sido educado para ser o centro gestor da psique, o centro administrador dos pensamentos e emoções. Guerras, violências, discriminações, genocídios, infanticídios, suicídios teriam sido evitados.

Vale a pena repetir: com as devidas exceções, uma das maiores falhas da psicologia e da psiquiatria atuais é ter investido muitíssimos esforços no tratamento das doenças e não na prevenção. Só tratamos das pessoas quando elas adoecem.

Para que o eu possa desempenhar bem seus papéis, ele precisa ser educado para ter consciência dele mesmo e do funcionamento da mente. Vou citar apenas alguns dos fenômenos que devemos conhecer e trabalhar ao longo do processo de formação da personalidade.

Quero humildemente dizer que precisaria de pelo menos mil páginas para explicar detalhadamente esses fenômenos. Espero que o leitor me desculpe por citá-los fazendo apenas breves comentários. O meu alvo principal será o 10º fenômeno. Nos capítulos anteriores fiz uma explanação sobre alguns desses fenômenos, mas aqui o farei sob o prisma do eu. Meu sonho é que os jovens leiam também este livro para descobrir mecanismos que lhes deem mais chances de ser saudáveis.

1. O pensamento consciente é virtual.

Esse fenômeno indica que o eu constrói a consciência de si e do mundo externo fundamentado na virtualidade dos fatos e não na sua realidade concreta. Por um lado isso traz limitações importantíssimas para o eu como líder do psiquismo, mas por outro gera uma extraordinária liberdade criativa capaz de levá-lo a pensar no passado, ainda que este nunca mais retorne, ou no futuro que ainda não existe.

Se a construção dos pensamentos conscientes não ocorresse na esfera virtual, não teríamos uma imaginação efervescente, não construiríamos personagens e enredos em nossas mentes, não sonharíamos nem fantasiaríamos. Também não construiríamos "fantasmas" para nos perturbar.

2. O que é virtual não tem poder para mudar o que é real, em especial o universo das emoções e motivações.

Esse fenômeno aponta para uma das maiores limitações do eu. A natureza virtual dos pensamentos conscientes contrasta com a natureza real das emoções. Sentir angústia, humor depressivo, ansiedade e ter fobias são experiências reais, enquanto que pensar nelas, interpretá-las e classificá-las são processos virtuais. Sentir é concreto, pensar é virtual. Os pensamentos virtuais que o eu produz têm pouca capacidade de mudar a natureza concreta das emoções.

Para que o eu seja mais eficiente nesse processo de mudança, ele deve produzir pensamentos com autodeterminação, segurança, autocrítica, enfim, com envolvimento da própria emoção. Só assim pode se dar a transformação psíquica.

Ter intenção de mudar é insuficiente, pois é necessário que haja um choque interior. Por isso, grandes estrelas famosas muitas vezes morrem com suas emoções egoístas e egocêntricas quase intocadas. O eu delas ficou na esfera da virtualidade, não desenvolveu estratégias para confrontar com o seu próprio ser. Foi um péssimo gestor, ainda que socialmente admirado.

3. A memória não pode ser deletada, a não ser que haja destruição do córtex cerebral.

Esse fenômeno traz também uma limitação enorme para o eu como gestor da psique. Podemos apagar todos os arquivos de um computador em segundos. Podemos destruir documentos, colocar fogo em textos, apagar anotações dos cadernos, mas o eu não pode apagar a sua história arquivada na memória. Ou aprende a conviver com ela ou aprende a reescrevê-la.

O eu tem liberdade de negar Deus, anular as pessoas que o rodeiam, mas não pode negar o seu passado, pois é este que fundamenta a consciência que o eu tem de si mesmo e de suas decisões. Há milhões de pessoas que diariamente tentam apagar da memória, sem qualquer eficiência, seus traumas de infância, seus inimigos, seus chefes, seus problemas profissionais. Quanto mais procuram deletar o lixo registrado, mais gravam o que querem destruir. O eu é ingênuo quando não enxerga as verdadeiras ferramentas de que precisa para ser saudável.

4. A memória se abre por territórios específicos chamados de janelas.

Esse fenômeno traz enormes limitações para o eu ser autor da própria história. O eu tem de aprender que um dos maiores desafios que enfrenta é abrir o máximo de janelas da memória num determinado momento existencial para dar respostas inteligentes em situações tensas. Caso contrário, ele será um joguete das suas zonas de conflito.

Nas situações estressantes, como por exemplo nas provas escolares e nos atritos interpessoais, o eu entra como um raio nas janelas killer, gerando um alto volume de ansiedade capaz de bloquear milhares de outras janelas.

Esse mecanismo amordaça o eu, pois impede o acesso a informações fundamentais. Faz com que pessoas inteligentes reajam como crianças quando ofendidas, desafiadas ou contrariadas, leva alunos brilhantes a fracassar. Como já disse, o sistema educacional cometeu erros gravíssimos por não conhecer o teatro da mente humana!

Mais uma vez repito, para que o leitor fique atento: nos primeiros 30 segundos depois dos focos de tensão cometemos os maiores erros de nossas vidas. O eu tem de ser treinado, desde a mais tenra infância, a fazer a oração dos sábios – o silêncio – nesses momentos e desenvolver a nobre arte de pensar antes de reagir. Caso contrário, perderá o controle e deixará um rastro de dor em sua história.

Além disso, como já vimos, o eu tem de aprender a construir janelas light para que elas se abram ao mesmo tempo que as janelas killer. As janelas light representam experiências que contêm segurança, serenidade, ousadia. Elas são o oásis onde o eu oxigenará sua atuação para administrar melhor a psique. Como o sistema educacional não se preocupa em desenvolver essa capacidade, o eu geralmente é asfixiado.

5. O registro na memória é automático.

Esse fenômeno traz limitações para o eu como gestor da psique, mas também é fundamental para a sua formação. As histórias arquivadas na memória compõem a colcha-de-retalhos da personalidade. O registro dessas histórias é um processo inconsciente, automático e involuntário que não depende do eu, ao contrário dos computadores onde o registro de dados é controlado pelo usuário.

Nos primeiros anos de vida arquivamos milhões de experiências que preparam a formação do eu. A partir da fase escolar, o eu começa a ter consciência de si mesmo. Nesse momento ele deveria ser treinado para saber que tudo o que passa na sua mente será registrado automaticamente. Portanto, não poderá impedir que suas frustrações, mágoas, fobias, rejeições sejam arquivadas.

O fenômeno do registro automático e involuntário deveria levar o eu a aprender três processos fundamentais: filtrar os estímulos estressantes; usar o processo de registro automático a seu favor, produzindo pensamentos e emoções saudáveis para que também sejam arquivados automaticamente; e entender que cada sofrimento, crise e dificuldade que atravessa é uma oportunidade de ouro não para se punir ou se culpar, mas para se reconstruir.

Esses três aprendizados estruturam o eu como agente capaz de modificar sua história, afastando-o da condição de servo de mazelas e misérias psíquicas que o tornarão doente, infeliz e insatisfeito. Se o eu não for saudável, a somatória das experiências não acrescentará serenidade e tranquilidade, mas tensões e nervosismos.

6. A rapidíssima abertura das zonas de conflito exige do eu uma ação rápida.

Nos momentos de estresse e tensão, as janelas da memória se abrem em frações de segundo e permanecem abertas por segundos ou, no máximo, poucos minutos. Quando as janelas fóbicas, compulsivas, angustiantes estão abertas, o eu deve atuar para reciclá-las e reeditá-las. Para isso, ele deve ser treinado a fazer uma parada introspectiva, caracterizada pela capacidade de se interiorizar, analisar, confrontar, ter consciência crítica. Caso contrário, será uma vítima passiva e indefesa.

Nas situações em que somos rejeitados, humilhados, frustrados, o eu tem, em geral, no máximo cinco segundos para fazer as primeiras críticas aos pensamentos e emoções doentias resultantes dessas experiências. Se não fizer isso, elas serão registradas e não poderão mais ser deletadas. Essa faxina no psiquismo tem de ser feita rapidamente. Mas como o eu não é educado para realizar essa tarefa, um breve gesto agressivo pode continuar nos ferindo durante dias ou semanas.

Como o eu não está formado na infância, não é capaz de proteger a psique. Por isso, nessa fase fundamental da vida dependemos dos educadores – pais e professores. O grande problema é que, por mais bem-intencionados e amorosos que sejam, frequentemente desconhecem esse mecanismo de proteção.

Na vida adulta um paradoxo se cristaliza. Aprendemos a fazer manobras rápidas com nossos veículos para evitar acidentes, aprendemos a acelerar nossos passos para cumprir compromissos, protestar imediatamente quando nossos direitos são infringidos, mas não aprendemos a agir com rapidez em nossas mentes. Somos lerdos, lentos e inativos no lugar mais importante da vida.

Além de lentos, acreditamos que com o tempo a dor passa e as mágoas desaparecem. Essa é uma crença ingênua e com arestas falsas.

O lixo não removido e as tempestades psíquicas não trabalhadas saem do palco consciente da psique, mas se acumulam nos bastidores, interferindo mais do que imaginamos em nossa personalidade. Elas se encontram por trás dos sentimentos inexplicáveis de tristeza, das reações incontidas, das atitudes impensadas.

O eu aprende a escovar os dentes e a fazer higiene corporal diariamente, mas não aprende a fazer higiene no mais importante território:

o psíquico. Nossos jovens ficarão 10 ou 20 anos nas escolas sem aprender esses fenômenos. Como seria importante que houvesse um grande número de psicólogos, pedagogos e professores que fossem mestres em educar o eu como gestor psíquico desde a infância.

7. Os pensamentos sofrem um sistema de encadeamento distorcido.

No processo de construção dos pensamentos há participação de inúmeras variáveis ("como estou", "onde estou", "o que sou", a carga genética e histórica) que geram inevitáveis distorções. Se o eu não for preparado para administrar os pensamentos e consequentemente dirigir o processo de interpretação, este poderá ser tendencioso, parcial, desumano e cometer, assim, as mais dramáticas injustiças.

Os grandes erros da história foram praticados porque o eu dos líderes sociais não conhecia o sistema de encadeamento distorcido que ocorre no processo de construção de pensamentos. Prostitutas, drogados, homossexuais, bem como minorias raciais e religiosas foram considerados escórias sociais. Um eu doente é sectário, preconceituoso, enquanto um eu saudável considera cada ser humano como uma pérola insubstituível no teatro da existência.

No processo de encadeamento distorcido da construção de pensamentos há uma tendência natural de produzir individualismo, agressividade, destrutividade e exclusão. Por isso essas características se manifestam espontaneamente nas crianças e se incorporam às suas personalidades. Por outro lado, a tolerância, a afetividade, o altruísmo, a capacidade de se colocar no lugar do outro – enfim, as características mais nobres do eu – dependem de um aprendizado complexo.

No campo psíquico, esse processo de distorção é capaz de ter pelo menos duas grandes consequências: uma maléfica e outra benéfica.

Ela pode gerar um eu encarcerado pelos transtornos emocionais, pois o processo de interpretação distorcido chega a criar monstros, dando dimensões desproporcionais a um simples inseto, um lugar fechado, uma traição, uma humilhação.

Pode também impulsionar o ciclo de criatividade do eu, e este é o aspecto benéfico. Pois, à medida que distorcemos a realidade, criamos novas formas de ver, sentir, experimentar o mundo. A inspiração e o insight, por exemplo, são distorções positivas e sutis da realidade, momentos mágicos de criação intuitiva.

Quando a distorção que nos encarcera é usada adequadamente, ela nos liberta. Isso demonstra que a mente possui uma abrangência multifocal: sempre tem pelo menos dois lados.

8. O mundo dos pensamentos não é apenas construído pelo eu, mas também por outros fenômenos inconscientes.

Esse é um dos processos mais complexos do aparelho psíquico e um dos que mais podem controlar e bloquear o eu como gestor. Há milênios consideramos que todos os pensamentos são produzidos porque queremos conscientemente produzi-los, portanto dependem da vontade exclusiva do eu. Além de ser ingênuo, esse falso conceito é uma fonte dolorosa de sentimento de culpa.

Ingenuamente o eu se sente responsável por ideias que não produziu, pensamentos que não construiu, fantasias e imagens mentais que não criou. O eu, então, deprime-se, inferioriza-se e se pune drasticamente, simplesmente por desconhecer o processo global de construção de pensamentos.

Se não houver uma educação adequada capaz de estruturar o eu, prepará-lo para ter autoconsciência e compreensão das suas funções, ele poderá se tornar vítima dos fenômenos inconscientes que atuam à sua revelia. Esses fenômenos leem as janelas da memória e criam fantasias, pensamentos e imagens mentais doentias. O eu malformado não distingue entre o que ele desejou produzir conscientemente e o que os fenômenos inconscientes produziram. Essa confusão é gravíssima.

As obsessões que frequentemente se iniciam na infância são exemplos típicos do domínio dos fenômenos inconscientes sobre o eu. O eu não deseja construir pensamentos fixos, mas os fenômenos inconscientes se ancoram nas zonas de conflitos e os constroem. Em vez de criticar, repensar e reciclar esses pensamentos, enfim, assumir seu papel de gestor psíquico, o eu vive um filme que não é dele. Assume fantasias estúpidas que não confeccionou.

Se o eu não tem consciência da construção multifocal dos pensamentos, torna-se presa fácil dos seus conflitos, perde a força e a lucidez necessárias para ser autor da sua história.

9. Pensar é uma atividade espontânea e inevitável do *Homo sapiens*.

Esse fenômeno traz uma limitação importante para o eu. Ele não consegue interromper a produção de pensamentos por um tempo significativo. A meditação, as técnicas de relaxamento e o uso de tranquilizantes podem desacelerar essa produção, gerar uma fase zen, mas não têm o poder de eliminá-la.

O ser humano possui uma ansiedade vital que estimula o eu e os fenômenos inconscientes a lerem a memória continuamente e a produzirem uma construção psíquica contínua, o que faz da mente humana um espetáculo quase ininterrupto. Se o eu não produzir pensamentos, os fenômenos inconscientes os produzirão. O problema é que, se essa produção for muito exacerbada, é capaz de gerar a síndrome do pensamento acelerado.

Qual é o grande objetivo desse espetáculo psíquico? Abolir o tédio, dissipar a solidão, gerar entretenimento e criatividade. A mente de qualquer criança é mais criativa do que a do mais inspirado escritor infantil. Um idoso se aposenta, mas não pode aposentar seu imaginário. Quando não há qualidade nesse show, as doenças se instalam, a solidão estende seus tentáculos, as angústias lançam suas raízes.

Cumpre ao eu ser o diretor desse espetáculo ininterrupto, controlando suas cenas, desacelerando as falas, redirecionando os papéis, relaxando. Mas quem nos ensina a ser diretores psíquicos? Ao pensar na minha própria história e mapear meus sofrimentos, estou convicto de que teria vivido com mais suavidade e maior prazer se meu eu tivesse assumido o seu papel de diretor e não o de espectador da minha mente.

10. O processo de leitura da memória pode produzir necessidades neuróticas.

A leitura da memória realizada pelo eu, bem como pelos fenômenos inconscientes, pode se ancorar em determinadas zonas de conflitos inconscientes e gerar uma série de necessidades neuróticas capazes de exercer um domínio pernicioso sobre a psique humana, retirar seu brilho, estilhaçar sua liberdade, comprometer a sua saúde, esfacelar seu prazer.

Embora apontadas em décimo lugar, as necessidades neuróticas envolvem todos os demais fenômenos. Um eu pouco consciente e mal estruturado sucumbe a essas necessidades doentias e reduz sua criatividade. Necessidade neurótica de ser perfeito, de controlar os outros, de ter poder, de se preocupar excessivamente com o corpo, de se fixar em problemas. Somos prisioneiros em sociedades livres.

Na minha visão, a oração do Pai-Nosso tem como um dos seus grandes segredos e um dos seus elevados objetivos levar o ser humano a detectar essas necessidades e superá-las. É preciso ter coragem para descobrir nossas imperfeições, ter honestidade para assumi-las e estratégia para vencê-las. É dessas necessidades que tratarei no último capítulo desta obra.

Equipando o eu

Provavelmente a maioria das pessoas tem um eu pouco desenvolvido, inadequadamente estruturado, mal definido, com precário conhecimento de si mesmo. Vivem por viver. Trabalham porque precisam sobreviver. Neste exato momento há executivos gerenciando empresas, pilotos dirigindo aeronaves, governantes administrando países e cidades, todos derrotados pelo mau humor, pela hipocondria, pela ansiedade, pela irritabilidade.

São gigantes no teatro social, mas seres frágeis no teatro psíquico. Talvez sejam lúcidos para tomar decisões lógicas, mas confusos para decidir sobre assuntos que envolvam aspectos subjetivos e emocionais.

Se o eu for doente, o desenvolvimento da personalidade estará comprometido, a psique ficará sem abrigo, a emoção será uma terra de ninguém e o humor, excessivamente flutuante. Não devemos pensar que as pessoas que têm um eu doente são necessariamente arrogantes e egocêntricas. Elas também se encontram entre as mais afetivas e amáveis da sociedade. Apenas não amam a si mesmas.

Certa vez, num congresso sobre qualidade de vida, ao falar em uma conferência sobre o processo da formação do eu e da sua atuação na psique, um participante levantou-se e, com humildade, disse para a plateia: "Passei a vida sem saber que tinha um eu. Muito menos que este eu deveria administrar minha psique e gerir meus pensamentos para que eu não fosse vítima deles."

Embora esse participante tivesse excelente cultura acadêmica e dominasse técnicas de gerenciamento produtivo, não possuía informações básicas sobre o funcionamento psíquico. Era um gestor brilhante do mundo exterior, mas não da própria psique.

Sofria intensamente porque não aprendera a estruturar seu eu para reciclar suas fobias, repensar suas fantasias, tomar consciência das ideias que o controlavam. Tinha dinheiro, sucesso profissional, prestígio social, mas sentia-se empobrecido. Vivia arrastado pelas avalanches psíquicas. Seu eu era um estranho no ninho da sua própria mente.

O terror que vem de dentro

Era uma tarde de inverno, densa e fria. Atendi uma mulher ansiosa e deprimida, embora inteligente e simpática. Estava vivendo seu mais intenso inverno emocional. O uso de ansiolíticos amenizava seu sofrimento, mas não debelava suas crises. Sentia a agradável casa onde morava como uma prisão.

Contou que desde muitos anos vivia assaltada pelo medo terrível de ter um câncer. Entrava em pânico diante da possibilidade da morte, de nunca mais abraçar seus entes amados. O medo de morrer perturbava seu relacionamento com os filhos, pois não desejava que eles se apegassem a ela para não sofrer sua provável perda.

Ela não entendia que, ainda que tivesse um câncer em estágio avançado, deveria amar sem medo, fazer de cada minuto um momento eterno, usufruindo com sensibilidade tudo o que a vida lhe oferecia. Há muitos que, apesar de estarem ótimos de saúde, não vivem tais momentos.

Por termos uma existência finita, o mundo dos pensamentos faz da vida de milhões de seres humanos uma fonte de temores. Devido a uma imaginação fertilíssima e a um eu pouco atuante como diretor do roteiro da psique, temos uma facilidade impressionante para nos assombrar com doenças que não possuímos.

Cada ser humano tem uma incrível habilidade para criar fantasmas que não existem ou maximizar os que existem. Não precisamos ter inimigos fora de nós, pois os criamos com grande facilidade em nossa mente.

Voltando ao caso da paciente, uma pergunta óbvia se colocava: "Como ela podia imaginar, há anos, que tinha câncer, se o seu organismo não se debilitava. Parecia claro que o câncer não existia e que ela estava sendo incoerente." E de fato estava. Os transtornos psíquicos e as necessidades neuróticas sempre crescem no terreno das incoerências e da subjetividade e não no da lucidez e da lógica.

Quando o resultado dos exames que fazia dava negativo, o eu da mulher se tranquilizava por um tempo. Mas, pouco depois, uma pressão muscular ou uma pequena dor interna abria uma janela doentia em sua memória e realimentava suas ideias obsessivas. Um dia ela resolveu fazer todos os exames possíveis e imagináveis.

Quando veio o resultado negativo, chorou de alegria, abraçou os filhos e os amigos, festejou com eles como havia muitos anos não o fazia e dormiu profundamente. Enfim, convenceu-se de que não tinha câncer. Resolveu seu problema? Conseguiu deletar as zonas de conflitos em seu inconsciente?

Quando ela me contou a segunda parte da história, ouvi o que já imaginava. Como as janelas doentias não são deletadas, elas não podem ser resolvidas num golpe instantâneo. Por isso, no caso das obsessões, é comum que migrem de uma fixação para outra.

Após seu maravilhoso dia "sem câncer", a mulher passou a se fixar no coração. Começou a desenvolver ideias de que iria enfartar. Voltou a viver atemorizada, apreensiva e com medo do futuro. O teatro reiniciou seu ciclo de terror. Seu eu mais uma vez se recolheu como espectador passivo desse teatro. Foi nesse momento que ela me procurou.

Além do uso da medicação clássica, a paciente passou por um processo psicoterapêutico analítico e cognitivo, onde teve de aprender não apenas a se conhecer e descobrir as causas da sua ansiedade, mas também a desenvolver consciência crítica, resgatar a liderança do eu e criar uma trama de relacionamento com ela mesma.

Um eu forasteiro em sua própria terra

Lembro-me de outra paciente que chamarei de mulher-açúcar. Ela tinha aversão por açúcar. Sentia os cristais do açúcar colarem em sua pele, causando-lhe calafrios. Detestava de tal forma açúcar que tinha a sensação de que ele estava espalhado pela casa toda, no quarto, no banheiro, na sala, nas gavetas dos armários.

Não tinha confusão mental, estava consciente e crítica, mas seu eu não conseguia livrar-se dos rituais que criara. Quando tinha a sensação – mesmo ilusória – de ter tocado em um lugar onde havia açúcar, precisava tomar banho. Chegou ao absurdo de tomar quarenta banhos por dia.

Estava sempre tentando se descontaminar fisicamente, sem saber que eram seus pensamentos que deviam ser descontaminados, eram eles que precisavam ser administrados para que resgatasse seu direito inalienável de viver com tranquilidade e prazer.

Muitos não têm doenças classicamente catalogadas pela psiquiatria e pela psicologia, como transtornos obsessivo-compulsivos, depressão, síndrome do pânico, anorexia nervosa e bulimia. Mas seu eu é doente, frágil, inseguro, hábil para atuar no mundo físico e inábil para liderar suas funções no universo psíquico. Uma liderança cujo objetivo não é ganhar dinheiro nem conquistar sucesso social, mas ter sucesso na administração da mente, ter harmonia interior, ser capaz de preservar a saúde em tempo de tormentas, de fomentar a criatividade no caos.

Capítulo 13

O eu neurótico e o eu saudável

O autoabandono do eu gera necessidades neuróticas

Um eu não gestor que se autoabandona vai contra o princípio do prazer descrito por Freud, da busca de superação abordada por Adler, do sentido existencial expressado por Viktor Frankl, do *self* criador comentado por Erick Fromm.

Um eu que se autoabandona adquire mecanismos viciados e características doentias que afetam em diversos níveis o relacionamento do ser humano com ele mesmo, com seus familiares, com seu trabalho. Afetam seu presente e enclausuram seu futuro.

Temos inúmeras necessidades saudáveis que são fundamentais para a existência: necessidade de amar, de alegrar-se, de ter tranquilidade, de autoconhecimento e autocrítica, de autoestima, de sonhar, de elaborar projetos, tolerar, solidarizar-se, ter compaixão. Mas, seja por influência genética, seja principalmente por experiências vividas, adquirimos ao longo do processo de formação da personalidade inúmeras necessidades neuróticas.

Detectei mais de quarenta dessas necessidades. Em minha opinião, todo ser humano, em menor ou maior grau, possui algumas delas. Para fechar este livro discorrerei apenas sobre as que considero mais importantes.

São consideradas necessidades neuróticas todas as reações, atitudes ou comportamentos que se reproduzem com certa frequência e comprometem o eu como gestor da psique, prejudicando a serenidade, a tranquilidade, a saúde emocional, a harmonia intelectual, a criatividade, a autoestima, o respeito pelas diferenças e pelos direitos humanos. Algumas se manifestam claramente nas doenças psíquicas, outras em pessoas aparentemente saudáveis e insuspeitas.

Devemos ter em mente que toda classificação não deve ser radical nem levada ao pé da letra. Os diagnósticos servem apenas para nos orientar, nos fazer repensar e expandir a autocrítica, jamais para nos rotular. Cada ser humano tem aspectos saudáveis e doentios em sua personalidade. Nossas áreas saudáveis devem ser preservadas e enriquecidas; as doentias devem ser detectadas e, na medida do possível, superadas.

Entrar em contato com nossas mazelas internas não deve produzir sentimentos de culpa, mas ser uma fonte de conforto, tanto pelo autoconhecimento como pela oportunidade de mudança de rotas. Precisamos saber que o sentimento de culpa caracterizado pela atitude frequente de se punir e se desvalorizar também é uma das necessidades doentias.

Felizes os que têm coragem de entrar em contato com seu próprio ser

No Sermão da Montanha, assistimos a um dos mais belos e profundos treinamentos para o desenvolvimento pleno do eu como autor da história. Jesus iniciou seu discurso proclamando: *"Felizes os que possuem um eu humilde, pois deles é o reino dos céus"* (Mateus 5:3).

Em seguida, deu belíssimos ensinamentos e chegou finalmente à oração do Pai-Nosso. No final dessa oração fez um pedido surpreendente, a que provavelmente muitos dos que a recitam nunca deram a devida atenção. Que pedido é esse? Para que se acheguem a esse misterioso Pai invisível e se abram completamente, sem medo, sem reservas, pois ele os aceita como são, do jeito que são, sem se envergonhar das suas falhas e sem acusá-los. Não é intrigante?

Em outras palavras, Jesus disse: *"Não me deixes ser controlado, mas livra meu eu do mal."* Ao analisar o último pensamento dessa oração, repito que não entrarei no campo espiritual, pois não é minha área, mas me aterei à análise psicológica e filosófica.

Não se deixar controlar é ter um eu livre das necessidades neuróticas. *Livrar do mal* é reeditar as matrizes do inconsciente, é libertar de dentro para fora. Aqui se encontram os últimos segredos da oração do Pai-Nosso.

Certa vez Jesus disse que o mal não é o que entra pela boca, mas o que sai da boca (Mateus 15:11). O que contamina a psique humana é o que sai da psique. Livrar-se do mal é um projeto elevadíssimo, é transformar o ser humano em sua natureza intrínseca. Mas para isso é preciso percorrer um processo.

Muitos filhos não têm coragem de se abrir com os pais, não têm intimidade para discorrer sobre seus conflitos nem segurança para falar das suas fragilidades. Alguns jamais tiveram coragem de chorar na frente deles. Mas o homem que foi o mais excelente mestre do eu pediu que tivéssemos humildade e intimidade, que lançássemos no lixo todos os conceitos religiosos que nos afastam de Deus e que geram temor.

Muitos valorizam o Deus criador, o Deus que julga e pune, o Deus Todo-Poderoso. Mas a oração que estamos analisando enfatiza o mais excelente relacionamento entre um filho e um pai generoso. Valoriza a mais rica e aberta educação. Ela começa com a descrição de um pai cheio de amor e compreensão e termina com a descrição de um filho que parou de se esconder de si mesmo, que reconheceu suas falhas e feridas, que está nu diante do pai, mas não sente vergonha.

A oração do Pai-Nosso não se destina a formar uma religião, mas seres humanos saudáveis, alegres, conscientes de si, protagonistas da sua história.

Necessidade neurótica de aprovação dos outros

Os que possuem essa necessidade têm um eu dependente, com medo de fazer escolhas, de expressar suas ideias, de estabelecer suas diretrizes. A necessidade neurótica de aprovação dos outros é originada pela preocupação excessiva com a imagem social. É um desvio do curso da formação da personalidade, em que supervalorizamos os outros e nos diminuímos.

Essa necessidade gera um desgaste psíquico enorme, pois o custo emocional para satisfazer os outros conspira contra a espontaneidade, e onde não há espontaneidade há insegurança, e tudo é feito de forma tensa. Por isso, as pessoas dominadas por essa necessidade vivem fatigadas. O desejo obsessivo de obter a aprovação dos outros destrói o prazer de viver devido às expectativas não correspondidas, em especial por parte dos íntimos.

O eu de quem se preocupa excessivamente com a opinião dos outros não administra a emoção minimamente. Com a emoção instável como um pêndulo, experimenta-se o êxtase diante da aprovação e do aplauso e vive-se uma profunda angústia ante a desaprovação e a crítica.

Um eu que se preocupa demais com a própria imagem terá sempre dificuldade de correr riscos para executar seus projetos. Suas grandes habilidades ficam truncadas, e seus sonhos, soterrados. Tem problemas para enfrentar novas situações, falta-lhe audácia para procurar novas rotas. Como sua bússola é exterior, e não interna, encontra dificuldade para seguir sua intuição e seus instintos.

Essas pessoas, às vezes, são mais cultas e capazes do que seus pares, mas alcançam menos sucesso, pois o medo das cobranças e punições bloqueia sua inteligência. As maiores cobranças não são as de fora, mas as que o próprio eu cria.

É importante ter aprovação dos outros, mas o que mais importa é ser aprovado pela própria consciência. Estar atento para o retorno dos outros é saudável, mas ficar obsessivamente ligado a ele é um convite para tornar-se uma pessoa frustrada. Nada nos traz tantas alegrias quanto o ser humano, mas nada pode nos frustrar tanto como ele.

Pais que esperam demais dos filhos, cônjuges que esperam excessivamente um do outro sofrem em demasia. Doar-se, entregar-se sem medo a quem amamos, é fundamental, mas é igualmente fundamental não deixar que nossa felicidade seja controlada pela cabeça dos outros. Quanto menos retorno esperarmos, mais nosso eu será seguro e mais o retorno irá aparecer espontaneamente.

Necessidade neurótica de se fixar em preocupações

O eu dos que têm essa necessidade neurótica chafurda na lama das tensões, dos problemas existenciais, das situações futuras. Embora possam ser pessoas encantadoras, vivem sem encanto.

São especialistas em ruminar as perdas, mas não em usufruir as conquistas; em apontar o que não têm, mas não a exaltar o que possuem; em ver dificuldades em vez de oportunidades; em valorizar o trabalho, mas não o descanso e o lazer.

Não desfrutam dos prazeres do presente, pois se perturbam com as possíveis tormentas que as esperam. O futuro para elas não é uma fonte de desafios prazerosos, mas de incertezas. Não possuem um eu seguro capaz de cuidar da sua qualidade de vida e de estabelecer prioridades.

Essas pessoas estão sempre arranjando uma razão para se perturbarem, para serem inquietas e infelizes. Revolvem os desastres possíveis, acham que há sempre algo por acabar, algo por fazer. Usam a criatividade para criar problemas, são peritas em criá-los mas famintas de tranquilidade. Às vezes são notáveis ganhadoras de dinheiro, mas não sabem desfrutá-lo.

O eu dessas pessoas não sabe viver em tempo de paz, somente em tempo de guerra. As férias são tormentos, pois elas só conseguem sentir-se vivas quando têm problemas para resolver. Detestam a rotina, não sabem extrair qualquer prazer dela. Algumas só descansam no leito de um hospital. São excelentes máquinas de trabalho: ótimas para o sistema, péssimas para si mesmas.

Os que têm a necessidade neurótica de se fixar em preocupações precisam treinar seu eu para valorizar mais a existência do que as tarefas. Mesmo porque, se a vida entrar em falência, o trabalho entra em colapso.

Dizem que gostam de si mesmas, mas não desenvolvem um romance com a própria história. Precisam equipar o próprio eu para cuidar carinhosamente da sua qualidade de vida, investir em seus sonhos e naquilo que lhes dá prazer. Afinal, os anos são como gotas de tempo que logo se dissipam.

Necessidade neurótica de ser o centro da atenção social

Os que têm essa necessidade neurótica procuram estar sempre em evidência e ser o centro das atenções. Amam as colunas sociais e os holofotes da mídia. Embora possam viver em ambientes humildes, têm a necessidade doentia de se destacar em seu meio. Dessa forma, perdem a espontaneidade.

Pessoas com essa necessidade neurótica detestam passar despercebidas. Não conseguem encontrar grandeza nas coisas anônimas nem beleza nas coisas singelas. Sua emoção é borbulhante, exaltada, mas falta-lhes profundidade. São falantes, teatrais, exageradas, pois estão sempre buscando cativar a admiração dos outros. No fundo pagam um alto preço para estar em evidência, pois não sabem filtrar os estímulos estressantes e são facilmente invadidas.

Algumas têm forte tendência em dramatizar os problemas e aumentá-los. Acham-se vítimas do mundo quando estão sofrendo. Têm ganhos secundários ao discorrer sobre seu drama e sua dor. Querem de qualquer maneira atrair a atenção das pessoas.

Seu eu não se concentra para resolver seus problemas. Tangencia a solução. Dá importância excessiva a questões colaterais e coisas diminutas, ignorando as grandes causas geradoras. Pessoas dominadas por essa neurose costumam ser prestativas e ajudam os outros a resolver suas dificuldades, mas não resolvem as próprias.

Algumas possuem uma preocupação excessiva com aparência e atividade física. Exibem seus feitos, seus prêmios, suas conquistas financeiras. Seu eu não entende que seu maior valor se encontra no centro do seu psiquismo, seu maior tesouro está no cerne da sua personalidade. Por isso, apesar de se autoexaltarem, na realidade se desprezam.

Os que têm a necessidade neurótica de ser o centro das atenções precisam descobrir o oásis no anonimato. Precisam aprender a se interiorizar, a relaxar, a ser transparentes para entender alguns mistérios da existência. Precisam descobrir o prazer indescritível de ficarem livres da maquiagem social, de serem apenas o que são.

Necessidade neurótica de poder

O eu dos quem têm essa necessidade é controlador, dominador. Um eu forte exteriormente, mas frágil interiormente. Quando essas pessoas assumem um cargo de poder, os monstros do seu inconsciente entram em cena produzindo comportamentos autoritários e destrutivos.

Para elas, o poder acaba se tornando mais importante do que a vida. Tolhem a liberdade dos outros, não respeitam os seus espaços. Sentem-se ameaçadas por pessoas inteligentes e têm medo da competição, pois a perda do poder as asfixia. Em alguns casos vivem com a paranoia de que alguém sempre está querendo derrubá-las.

Ao longo da história, os ditadores sempre eliminaram mentes brilhantes por se sentirem ameaçados. Ao invés de usar o poder para promover o debate, o usaram para silenciar vozes.

Jornalistas com necessidade neurótica de poder escondem-se atrás das reportagens ou artigos para expressar seu sectarismo. Advogados e médicos usam seu status para constranger clientes e funcionários.

São deuses que não respeitam a dor e o potencial dos outros. Silenciam seus filhos, seus cônjuges, seus amigos e até eles mesmos, pois perdem a espontaneidade e a suavidade da vida. Embora não se deem conta, são famintos de diálogo.

Executivos com necessidade neurótica de poder não suportam ser contrariados. Não ensinam a pensar, mas a obedecer. São centralizadores e individualistas. Valorizam o culto à personalidade, querem não apenas ser o centro das atenções como os donos da situação.

Não percebem que quanto mais lutam desesperadamente pelo poder mais o perdem, pois não têm controle sobre seus impulsos, suas ideias paranóicas, suas inseguranças.

O eu dessas pessoas precisa ser equipado para que se tornem capazes de reeditar a sua história. Precisam reconhecer o valor de cada ser humano, inclusive o próprio valor, pois a necessidade neurótica de poder é contra o princípio do prazer, contra a criatividade e contra a liberdade interior.

Precisam desenvolver o eu a ponto de perceberem que os fracos controlam, mas os fortes promovem a inteligência; os fracos anulam os diferentes, mas os fortes aprendem com eles.

Necessidade neurótica de estar sempre certo

O eu dos que têm essa necessidade é perfeccionista, não admite suas falhas, não reconhece seus defeitos e evita entrar em contato com a própria realidade. São pessoas péssimas para desculpar-se, mas ótimas para se defender. Usam todos os argumentos possíveis e imagináveis, até os ilógicos e infantis, para provar que suas ideias e atitudes são corretas. Não sabem, mas têm fome de humildade.

Um eu que se defende excessivamente e se esconde atrás dos seus argumentos não sabe o quanto é agradável e reconfortante admitir as próprias imperfeições. A compulsão neurótica de estar sempre correto torna-se estressante e insustentável.

Essas pessoas nem sempre são agressivas no tom de voz e nas palavras, mas na maneira de ser. Para defender neuroticamente seus comportamentos desvalorizam os argumentos dos filhos, cônjuges, alunos, colegas de trabalho, deixando um rastro de dor por onde transitam.

Provavelmente a maioria das pessoas nas sociedades modernas tem essa necessidade doentia nos mais diversos níveis. Com frequência estamos mais perto delas do que gostaríamos. Quem muito se angustia, se inquieta, sente-se desconfortável quando corrigido e criticado, possui em diversos graus essa característica doentia.

Entre as principais vítimas dessa neurose encontram-se alguns intelectuais. Exalam informações por todos os poros, mas falta-lhes sabedoria para admitir seus erros. São pessoas difíceis de conviver. Quando confrontadas, algumas saem da esfera da mansidão e partem para a agressividade.

Os que não possuem essa necessidade doentia admitem suas falhas e incoerências, conseguem aprender com seus subalternos, por mais humildes que sejam, respeitam cada ser humano pelo que é e não pelo que tem.

Em contrapartida, os dominados por essa necessidade são intocáveis. Não aprendem com pessoas simples, mas fingem aprender com as mais experientes. Sofrem, frustram-se, choram, mas não absorvem lições importantes. Repetem seguidamente os mesmos erros.

A necessidade neurótica de perfeição leva algumas pessoas a serem obsessivas, a supervalorizarem esquemas, detalhes, listas, organização.

Não se dão conta de que o excesso de preocupação com regras e esquemas bloqueia a criatividade e a ousadia. O detalhismo e a cautela excessivos travam a inteligência e truncam projetos.

Essas pessoas precisam desenvolver um eu que tenha consciência de si mesmo e de seus papéis fundamentais. Um eu transparente que olhe para dentro, que não tenha medo das próprias "loucuras", que seja comprometido com a saúde psíquica e não com a imagem social.

Precisam desenvolver acima de tudo um eu consciente de que o perfeccionismo nos habilita a lidar com máquinas e não com seres humanos, pois somos seres imperfeitos vivendo em sociedades imperfeitas.

A nossa vez de passar pelo palco da Terra

Há inúmeras necessidades neuróticas e elas se expressam de diversas maneiras. Algumas são silenciosas, quase imperceptíveis, outras são bombásticas. Algumas causam danos mínimos, outras são bastante destrutivas. Algumas fazem adoecer apenas a pessoa que as possui, outras fazem adoecer também os familiares, outras ainda corroem a sociedade em geral.

As necessidades neuróticas se manifestam de formas opostas. A necessidade de falar excessivamente e a de não se manifestar, de querer mudar o comportamento das pessoas e de se alienar, de rejeitar o próprio corpo e de supervalorizá-lo, de comer compulsivamente e de bloquear drasticamente o prazer de comer, de reagir impulsivamente a qualquer estímulo estressante e de suportar passivamente as agressões, de ser escravo do futuro e de ser refém do passado, de correr riscos excessivos para executar seus projetos e de evitar qualquer tipo de risco para realizar seus sonhos.

Muitas gerações se passaram na história da humanidade. Crianças brincaram, correram, jogaram, admiraram as borboletas, sentiram a suavidade da brisa que as tocava. Adolescentes sonharam, viveram aventuras, questionaram regras sociais e, sob o calor da explosão hormonal, amaram intensamente a vida. Adultos desenvolveram projetos, batalharam, buscaram um lugar de destaque no palco da vida. Idosos beberam os últimos goles da existência como se ela fosse inesgotável.

Onde estão as pessoas das gerações passadas? Não se ouve mais o eco daquelas crianças, nem a efervescência emocional dos jovens, nem a ebulição do intelecto dos adultos, nem os sussurros das experiências dos idosos. Eles se foram inexoravelmente. A maioria partiu sem deixar vestígio.

Somente uma minoria deixou marcas expressivas no mundo. Uns as deixaram na literatura, outros nas artes, lapidando a pedra bruta e dando cores às imagens.

Existiram outras pessoas, não muitas, que não escreveram livros, não pegaram em pincéis nem realizaram importantes pesquisas científicas, mas encantaram seus filhos, instigaram seus alunos, impactaram seus amigos, deslumbraram aqueles que amaram.

Esses privilegiados nem sempre tiveram dinheiro, fama, glória, cultura acadêmica, mas foram admiráveis, fascinantes. De alguma forma, não deixaram que suas necessidades neuróticas bloqueassem sua criatividade e sua sensibilidade.

Marcas inesquecíveis nos solos da psique

Agora chegou a vez de encenarmos nossa história no palco da existência. Diante dessa privilegiada regalia, não podemos deixar de fazer algumas perguntas imprescindíveis.

Que tipo de marcas deixaremos no mundo quando terminarmos nossa brevíssima trajetória? Faremos parte do rol dos que passaram incólumes pela existência ou daqueles que influenciaram as pessoas com quem conviveram? Participaremos da plateia dos que nunca saciaram a fome de sua psique ou dos que aprenderam a respirar o oxigênio da liberdade?

Muitos não deixam traços marcantes nem em sua própria psique. A famosíssima frase *Amar o próximo como a si mesmo* tem sido quase uma utopia para os que possuem um eu frágil, os desprovidos de consciência de si mesmos e dos seus papéis históricos.

O amor tem uma capacidade muito maior de imprimir marcas e traços do que os pincéis, as lâminas, as notas musicais e as ideias. Mas como é possível o eu amar os outros, se não tem uma relação afetiva e carinhosa com ele mesmo e com sua própria existência?

O artesão do eu, o Mestre dos Mestres, não nos exigiu perfeição, mas pediu compreensão. Não nos pediu para nos fixarmos em preocupações, mas para relaxar e enxergar o encanto escondido nas menores coisas. Não nos deu regras de punição, mas um manual de perdão e tolerância. Não apontou falhas, mas nos encorajou a entrar em contato com nossas insanidades.

A psicologia do Pai-Nosso não é apenas a psicologia do eu nutrido e saciado nem a do eu como gestor da psique, mas do eu enamorado pela vida, apaixonado pela existência, que esculpe impressões belíssimas nas pessoas com quem convive.

Grande parte das pessoas fecha para sempre os olhos sem trabalhar solidamente essas funções do eu. Uma parte menor procura trabalhá-las quando estão debilitadas no leito de um hospital, e uma minoria quase inexpressiva tenta aprendê-las com as próprias falhas e com os acidentes que ocorrem em seu percurso.

Essas últimas sabem que o sucesso é mais difícil de ser trabalhado do que o fracasso, pois gera mais atividades e compromissos. Por isso, procuram fazer cortes em sua agenda para cuidar melhor delas mesmas e dos que amam.

Elas não querem ser estrelas na sociedade, desejam ser apenas pessoas capazes de desfrutar ao máximo o sabor de uma vida saudável. Desfizeram-se de suas ilusões e entenderam o dom precioso da existência. Compreenderam que ser um prisioneiro no processo de formação da personalidade pode não depender do eu, mas continuar a sê-lo dependerá dele.

Entenderam ainda que o problema não são as características doentias da personalidade, mas ter um eu conformista, inerte e apático diante daquilo que os controla, amordaça e reprime interiormente. Perceberam que o eu pode ser um forasteiro em seu próprio ser, um estrangeiro no terreno psíquico.

Parafraseando o Sermão da Montanha, bem-aventurados os que não se autoabandonam, os que têm ricos encontros com seu próprio ser, pois deles é o reino da serenidade e do prazer de viver.

Felizes os que humildemente olham para o espelho da sua psique, que descobrem que não são deuses, que procuram superar a necessidade doentia de poder, de controlar os outros, de se fixar em preocupações, pois deles é o sabor inefável da liberdade e o paladar inexprimível da sabedoria.

Bibliografia

BLOOM, Harold. *Onde encontrar a sabedoria?* Rio de Janeiro: Objetiva, 2004.

__________. *Jesus e Javé – Os nomes divinos.* Rio de Janeiro: Objetiva, 2005.

BOFF, Leonardo. *Tempo de transcendência.* Rio de Janeiro: Sextante, 2000.

BRUNA, Jaime. *Eloquência grega e latina.* Rio de Janeiro: Ediouro, 1990.

CURY, Augusto. *O Mestre do Amor.* Rio de Janeiro: Sextante, 2006.

__________. *O Mestre dos Mestres.* Rio de Janeiro: Sextante, 2006.

__________. *Inteligência multifocal.* São Paulo: Cultrix, 1999.

DAMÁSIO, António R. *O erro de Descartes. Emoção, razão e cérebro humano,* 12ª edição (Coleção Fórum da Ciência). Lisboa: Publicações Europa-América, 1995.

DURANT, Will. *História da filosofia.* Rio de Janeiro: Record, 1996.

FOUCAULT, Michel. *A doença e a existência. Doença mental e psicologia.* Rio de Janeiro: Folha Carioca Editora, 1998.

FRANKL, V. E. *A questão do sentido em psicoterapia.* Campinas: Papirus, 1990.

FREUD, Sigmund. *Obras psicológicas completas de Sigmund Freud.* Rio de Janeiro: Imago, 1969.

FROMM, Erich. *Análise do homem.* Rio de Janeiro: Zahar, 1960.

GARDNER, Howard. *O verdadeiro, o belo e o bom. Princípios para uma nova educação.* Rio de Janeiro: Objetiva, 1999.

HUSSERL, L. E. *La Filosofía como ciencia estricta.* Buenos Aires: Editorial Nova, 1980.

JUNG, Carl Gustav. *O desenvolvimento da personalidade.* Petrópolis: Vozes, 1961.

KANT, I. *Crítica da razão pura.* Coleção Obra-Prima Série Ouro. São Paulo: Martin Claret, 2001.

KAPLAN, Harold I., SADOCH, Benjamin J. e GREBB, Jack A. *Compêndio de psiquiatria: Ciência do comportamento e psiquiatria clínica.* Porto Alegre: Artmed, 1997.

MARX, Karl. *O capital.* Rússia: LTC, 1982.

MOURA, Carlos A. R. *Nietzsche: Civilização e cultura.* São Paulo: Martins Fontes, 2005.

NIETZSCHE, F. W. *Crepúsculo dos ídolos.* Lisboa: Edições 70, 1888.

PADOVANI, Umberto; CASTAGNOLA, Luis. *História da Filosofia,* 16ª edição. São Paulo: Melhoramentos, 1994.

SARTRE, Jean-Paul. *O ser e o nada – Ensaio de ontologia.* Petrópolis: Vozes, 1997.

SCHIMMEL, Annemarie. *L'incendie de l'âme: L'aventure spirituelle de Rûmî.* Paris: Albin Michel, 1998.

TEIXEIRA, Berkenbroch. *Orações do judaísmo, cristianismo e Islã.* Petrópolis: Vozes, 2002.

Sobre o autor

Augusto Cury é psiquiatra, cientista, pesquisador e escritor. Publicado em mais de 70 países, já vendeu, só no Brasil, mais de 30 milhões de exemplares de seus livros, sendo considerado o autor brasileiro mais lido na atualidade. Seu livro *O vendedor de sonhos* foi adaptado para o cinema pela Warner/Fox. O próximo título a ganhar as telonas será *O futuro da humanidade*.

Entre seus sucessos estão *Armadilhas da mente*; *O futuro da humanidade*; *A ditadura da beleza e a revolução das mulheres*; *Pais brilhantes, professores fascinantes*; *O código da inteligência*; *O vendedor de sonhos*; *Ansiedade*; *Gestão da emoção* e *O homem mais inteligente da história*.

Cury é autor da Teoria da Inteligência Multifocal, que trata do complexo processo de construção de pensamentos, dos papéis da memória e da construção do Eu. Também é autor do Escola da Inteligência, o primeiro programa mundial de gestão da emoção para crianças e adolescentes e o maior programa de educação socioemocional da atualidade, com mais de 250 mil alunos.

Acompanhe o autor pelo Facebook:
facebook.com/augustocuryautor

Entre em contato com o autor:
contato@augustocury.com.br
escoladainteligencia.com.br